최동진 지음

추천사

"인간은 누구나 예외 없이 주로 언어를 통하여 자기 생각이나 의사를 직접적으로 표현하고 전달한다. 광의적인 의미에서 볼 때 이러한 인간의 의사소통 능력은 태초부터 '말씀'(logos)이라는 하나님의 커뮤니케이션 행위에 의해 인간에게 부여된 이후, 커뮤니케이션은 인간 존재에 선험적(apriori)으로 존재해 왔다고 볼 수 있다."(p.26)

"그러나 언어 외에도 마음의 생각을 얼굴 표정이나 몸동작 등을 통해 보다 더 구체적으로 암시하는 경우도 많이 있다. 그래서 잠언 기자도 "마음의 즐거움은 얼굴을 빛나게 하여도 마음의 근심은 심령을 상하게 하느니라"(잠 15:13, 개역한글)라고 지적했다."(p.27)

현대 선교에 있어서 '타문화 의사소통'(cross-cultural communication)은 중요한 이슈이다. 현대 선교에 있어서 중요한 관건은, 타 문화권 선교에 있어서 문화 차이를 얼마나 극복하고 현지 문화 속으로 들어가 이들 안에 내재한 행동양식으로 복음을 증거하는가 하는 것이다.

《문화를 알면 소통이 열린다》라는 책 제목 자체가 선교적이다. 사실은 '문화를 알면 선교가 보인다'라고 제목을 잡고 싶었을 것이다. 다만 독자들을 생각해서 '소통'으로 바꾼 것이라고 생각한다.

현대 선교는 물론 현대 목회, 특히 강단의 설교는 다양한 문화권의 차이를 넘어 복음 커뮤니케이션을 이루는 것이 중요하다. 오늘날 SNS를 통해 홍수처럼 수많은 설교가 쏟아져 나오지만 복음 커뮤니케이션의 부재 현상을 겪고 있음도 사실이다. 조국 교회와 강단은 이제 생각지 못한 다문화 현장에 직면했다. 다양한 문화권의 청중들에게 어떻게 복음의 소통(커뮤니케이션)을 열어 갈 것인가 하는 것이 중요한 숙제로 등장했다. 이 책은 그러한 숙제를 풀어갈 아주 중요한 열쇠를 제공하고 있다.

바라기는, 조국 교회 목회 현장이나 한국 선교사의 선교 현장에서 '커뮤니케이션 부족'으로 오는 오해와 갈등이 이 책을 통해 조금이라도 해소되어 예수 그리스도의 복음의 통로를 열어 가는 데 도움이 될 것이라는 작은 소망을 품는다.

2019년 12월
조용성 선교사
(전 예장 합동 GMS 선교총무, 현 북 사이프러스 순회 선교사(Member Care))

추천사

　만약 이 책이 35년 전에만 나왔어도, 선교사로서 나의 삶과 사역은 근본적으로 달라졌을 것이다.

　1984년에 필리핀 대학교에서 사역하고 있을 때 전도와 제자화 사역이 성공적으로 진행되고 있었지만 무언가 마음에 부족하다는 생각이 들었다. 그런데 필리핀 CCC 간사가 나에게 학생들을 사랑하라고 했다. 그 말에 충격을 받았고, 또 화도 났다. 필리핀 사람들은 사교적으로 우정과 사랑을 표현하는데, 나는 어렸을 때부터 배운 대로 유교식으로 그들을 대했다는 것을 깨달았다.

　나는 선교사로서 자격이 없다고 좌절하고 있을 때, 먼저 이런 일을 겪고 한국 선교사로서의 문화적 갈등과 충격을 극복하고 훌륭한 선교를 하시던 네비게이토 소속 홍 선교사님이 조언해 주셨다. 교재와 성경 공부라는 문자적인 학습을 벗어나 비공식적인 일상 속에서 제자를 만드는 법을 소개해 주셨다.

최동진 목사의 비언어적 커뮤니케이션은 타 문화권과 교차문화 환경에서 사역하고 있는 자들의 교과서다. 이 책에서 제안해 주신 것처럼, 선교사란 자신의 문화적 오리엔테이션을 부인하고 타문화권과 교차문화권을 존중하고 섬기는 성육신적 존재이다. 성육신적인 비언어적 커뮤니케이션이 삶과 사역의 방식이 되어야 예수님의 실천적 진리를 현지 문화에 재현할 수 있기 때문이다.

2019년 12월
안강희 선교사
(GAP 국제 사역 대표)

추천사

    이 책은 저자가 'Cultural Melting Pot'이라 불리는 미국 남가주 지역에서 오랜 기간 이민 목회와 선교 사역을 수행해 오면서 몸소 경험하고 느낀 점들을 토대로 더 효과적이고 효율적인 소통 방법을 학문적으로 잘 정리하며 풀어낸 책이다.

    이 책은 목회와 선교 사역에서 소통이 얼마나 중요한 요소인가를 가르쳐 주는 동시에 소통의 방법과 이론들을 매우 학문적이고 논리적으로 상세히 제시하고 있다. 특별히, 저자가 소통의 방법으로 중요하게 제시하는 '비언어적' 요소에 관한 분석과 통찰은 매우 탁월하다. 비언어적 소통의 중요성을 드러내기 위해 저자가 동원한 수많은 인류학자와 소통 전문가의 이론들은, 독자들에게 매우 흥미 있고 가치 있는 통찰을 제공해 줄 것이다.

    저자가 인용하고 있는 방대한 인류학적, 사회과학적 자료들과 통계들을 접할 수 있는 것만으로도 이 책의 가치는 충분하다고 본다.

이 책은 일반 목회자들이나 선교사들이 간과하기 쉬운 비언어적 소통의 중요성을 일깨워줄 뿐 아니라, 다양하고 실제적인 비언어적 소통의 사례들을 제시하여 누구나 어렵지 않게 소통의 이론들을 접할 수 있게 해준다.

저자는 목회자와 선교사들이 성육신적 자세를 갖고 타인과 타문화를 이해할 것을 주문하고 있다. 타인과 타문화를 더 깊이 이해하고 사랑하기 위해서는 그들의 삶의 현장에 뛰어들어 이해하고, 이방인이 아니라 내부자적 시각(emic view)을 갖고 대해야 한다고 주장한다. 또한 독자들에게, 타인과 타문화를 이해하기 위해서는 의도(intention)를 갖고 연구와 훈련을 통해 그들에게 다가갈 것을 권면하고 있다.

목회와 선교를 분리해서 이해해 온 전통적인 사고를 거부하고 목회와 선교를 통합적으로 이해하고 있는 저자의 확신은 모든 영적 지도자들에게 커다란 도전으로 다가온다. 이 책은 동일 문화권뿐만 아니라 타문화권에서 사역하는 목회자나 선교사들이 반드시 읽어야 하는 책이다.

2019년 12월
김학유 교수
(합동신학대학원대학교 선교학)

추천사

이 책 《문화를 알면 소통이 열린다》는 다양한 문화가 충돌하는 21세기 거친 사역의 현장에서 일하는 사역자라면 누구나 한 번은 꼭 읽어야 하는 책이라고 사료된다. 저자인 최동진 목사는 목회 현장에서 꾸준히 연구하고 노력하는 학구적인 목사로 알려져 있는데, 이번에 평소에 깊은 관심을 가지고 연구하던 주제인 '복음과 문화 그리고 커뮤니케이션'에 관한 박사학위 논문을 책으로 펴낸 것으로 안다.

복음은 어떤 문화권에 떨어지든지 그 문화를 새롭게 하는 예언자적 기능을 갖는다. 복음이 이런 예언자적 기능을 잃어버린다면, 기독교가 혼합주의 혹은 세속주의로 나갈 수 있는 위험이 있다. 복음의 예언자적 기능은 그 복음이 문화의 한복판에서 수신자에게 정확하게 전달되었을 때만이 가능하다. 복음의 사역자들이 그리스도에게로부터 받은 복음을 정확하게 전하는 커뮤니케이션에 실패할 때, 기독교는 혼합주의 혹은 세속주의의 위기 앞에 서게 된다.

현재 한국 교회뿐 아니라 전 세계 교회는 텍스트인 복음 진리를 정확하게 이해하는 데 실패하고 있고, 그들이 서 있는 21세기 문화의 콘텍스트를 이해하는 데도 실패하여, 사람들이 이해할 수 있는 언어와 문화의 모습으로 복음을 전하는 일에 실패하면서 기독교는 위기 앞에 서 있음을 부정할 수 없다.

이러한 위기 앞에 서 있는 교회의 상황을 직시하면서, 최동진 목사는 문화와 커뮤니케이션에 대해 연구를 꾸준히 진행했고 마침내 《문화를 알면 소통이 열린다》는 책을 펴낸 것이다. 이 책은 단지 커뮤니케이션 이론뿐 아니라 그 실천적 적용을 함께 추구하였다.

21세기의 사역자들은 국내에서 사역을 하든지 해외에서 하든지 모두가 문화를 넘어서 타문화권에 복음을 전하는 '초문화 사역' 혹은 '교차문화 사역'으로 갈 수밖에 없다. 사역 환경이 다문화적 환경으로 변하고 있다. 한국 교회 안에도 유학생이나 외국인 노동자의 급격한 유입, 국제결혼을 통해 다양한 문화를 가진 사람들이 교회 안에 들어오고 있다. 저자는 이러한 시대적 상황을 이해하면서, 사역자들이 국내든 해외든 복합문화, 다문화 사역이 가능하도록 훈련되어야 할 것을 제안하고 있다.

이처럼 자신의 문화와 복음 수용자 간의 문화적 차이를 극복하고 복음을 효과적으로 전달하려고 노력하는 모든 사역자들에게 이 책은 꼭 필요한 것으로 확신하며, 강력하게 추천한다.

2019년 12월
방동섭 교수
(전 백석대학교 선교학 주임, 현 Southwestern Reformed Seminary)

추천사

　저자가 이 책에서 말하는 문화는 주로 비언어 세계를 가리킨다. 우리는 대개 타인과의 소통 수단으로 언어만을 생각하기 쉬운데, 몸짓, 침묵, 시간, 공간 등 비언어 역시 소통에 중요한 몫을 차지한다는 것이다. 이러한 비언어적 요소를 무시하면 특히 타문화권 지역에 해당하는 선교지에서 큰 낭패를 당할 수 있다는 것이 저자의 주장이다.
　서구권은 주로 언어에 기반을 두고 있지만, 비서구권, 그 가운데서도 특히 동남아시아권은 비언어가 중요한 소통의 수단이 되고 있음에 주의해야 한다고, 저자는 문화인류학자 에드워드 홀의 견해를 인용하면서 강조한다. 홀은 언어보다는 비언어로, 즉 문맥(맥락, context)으로 의사 전달을 선호하는 사회를 고맥락 문화권으로, 가급적 언어로써 정교하고 명료하게 의사 전달을 시도하고자 하는 사회를 저맥락 문화권으로 지칭하며 분류했다.

　그런데 역사적으로 보면 저맥락 문화권에 속한 사람들이 고맥락 문화권 사람들을 천대하는 경향이 있어 왔다. 선교에서도 이런 현상이 두드러졌고, 또한 이것이 문제가 되어 왔다. 서구 선교사들은 자신들의 문화가 월등하며 그 외 인종의 문화는 열등하다는, 소위 문화우월주의에 기초하여 선교를 했으며, 심지어 자신들의 문화를 이식, 주입하는 것을 곧 선교로 이해하기까지 했다. 이러한 선교 몰이해가 많은 부정적 영향을 주었고 비판을 받았으며, 그 결과 그들 스스로 반성하고 교정하려는 노력을 많이 했음에도 그런 개념은 여전히 상존하고 있음을 부인할 수 없다.

내가 사역하고 있는 미국 원주민들, 소위 인디언으로 불리는 이들도, 언어보다는 비언어로 의사소통을 즐기는 고맥락 사회에 속한 사람들이다. 미국 선교사들은 이러한 문화를 이해하지 못하고 자신들의 문화 이식 위주의 선교를 하는 바람에 선교 실패라는 결과를 낳고 말았다. 이후 많은 한인 교회들이 원주민 선교에 힘을 쏟고 있다. 그런데 그들의 선교 열정은 칭찬받아야 하지만, 서구인들의 선교 실패의 후속편이 되는 면도 없지 않다. 어디든 선교 현장의 문화를 좀 더 이해하려는 숙제에 충실해야 하는 것이다.

이 책은 상대방 문화의 이해와 공부가 필수화된 현 국제화, 다문화 시대에, 선교사는 물론 목회자, 나아가 일반인들도 공들이며 읽어야 할 필독서라 여겨지며, 이에 기꺼이 추천해 마지않는다.

2019년 12월
이남종 선교사
(미국 나바호 원주민 선교)

추천사

　　내가 사역하고 있는 헝가리 샤로슈퍼터크(Sarospatak) 지역은 인근 슬로바키아, 우크라이나, 루마니아 등 여러 나라의 문화권이 이웃하여 서로 교류하는 교차문화권 지역이다. 슬로바키아와는 차로 10분 거리, 우크라이나와 국경은 1시간 거리, 그리고 루마니아는 2시간이면 언제든지 국경을 넘나들게 된다. 이곳에서 사역한 지가 벌써 15년 가까이 되는데, 아무리 가까운 지역이라도 국경을 넘으면 얼굴이나 모습은 엇비슷해 보이고 언어로는 소통할 수 있어도, 그 나라들의 역사와 독특한 문화 차이로 인해 실제적인 의사소통에 종종 어려움을 겪는다.

　　금번에 《문화를 알면 소통이 열린다》라는 책을 접하면서, 평소 다양한 문화권들이 교차하는 선교지에서 사역하는 선교사로서 역사와 문화 이해에 따른 비언어적 커뮤니케이션의 중요성을 다시 한 번 깨닫게 된다.

　　특별히 언어적인 측면에 집중하여 선교 훈련을 받고 사역해 왔는

데, 본서를 읽으면서 문화를 통한 복음적 소통의 원리로서 비언어적인 커뮤니케이션의 중요성과 다양한 적용 원리들에 대한 새로운 이해와 도전을 받게 되었다. 오늘날 타 문화권 선교지에서 복음을 위해 충성을 다하는 선교사님들뿐만 아니라 타 문화권 선교를 꿈꾸며 준비하는 선교 후보생들에게 이 책을 추천하고 싶다.

더불어 다문화권 속에서 사역하는 목회자들에게도 반드시 이 책의 일독을 권하고 싶다. 그 이유는 간단하다. 우리의 사역을 통해 복음이 소통되어야 하기 때문이며, 특히 문화라는 통로를 통해서 복음은 비언어적으로 더 많이 전달되고 소통되고 있기 때문이다. 언어적 전달보다 더 많은 비중을 차지하는 비언어적 소통의 다양한 요소들에 대한 깊은 이해를 원한다면, 반드시 이 책을 일독하라고 권하고 싶다. 진정한 복음 커뮤니케이션이 우리의 사명이기 때문이다.

2019년 12월
최영 선교사
(헝가리 집시 선교)

추천사

　이민 교회의 가장 큰 어려움이 무엇일까? 개교회가 처한 상황에 따라 다르겠지만, 전문조사기관의 발표를 보면 한결같이 교회 내 갈등을 꼽고 있다. 문제는 한인들로 이루어진 교회인데 모두가 같은 한국 사람이 아니라는 것이다. 7~80년대 이민 온 사람들과 88올림픽 이후에 이민 온 사람들, 그리고 2000년 이후에 이민 온 사람들, 이들의 경험과 가치관은 서로 다르다.

　그런가 하면 이민 1세와 미국에서 태어나 주류 미국인처럼 생각하고 말하는 2세 사이에도 상이한 문화가 존재한다. 그리고 중·고등학교 때 이민 와서 어정쩡한 변두리인으로 사는 1.5세도 있다. 정말 이민 교회만큼 다양한 그룹과 문화가 공존하는 신앙의 공동체가 없을 것이다. 이민 교회가 겪고 있는 어려움은 바로 이러한 이민 교회의 구조적 특성에 기인하고 있다고 볼 수 있다.

　이렇게 다양한 문화가 공존하며 나타나는 이민 교회의 문제에 대한 해답의 하나로, 나는 본서에서 제안하고 있는 '비언어적 커뮤니케이션과 교차문화 의사소통'을 들고 싶다. 이 책을 읽으면서 내가 30년 남짓한 이민 목회와 미국 대학에서 교수 생활을 20년 하면서 겪었던 어려움이나 갈등의 원인이 언어 장벽이 아닌 비언어적 문화 장벽이었던 것을 깨달았기 때문이다.

같은 언어를 사용하지만 비언어적 불통으로 인한 갈등이 언어적 불통으로 오는 갈등보다 훨씬 빈번하고 심각하다. 그러므로 말이 아닌 온몸으로 보내는 메시지와 비언어적 의사를 이해하게 되면 소통이 원활하게 되고 막힌 담이 허물어진다.

본서는 다양한 문화 속에서 사역하고 있는 선교사들뿐 아니라 독특한 문화를 형성하고 있는 이민 교회 목회자들에게 꼭 권하고 싶은 필독서이다. 다양한 문화를 뛰어넘는 비언어적 의사소통을 이해하게 되면 사역의 현장에서 힘겹게 생각되던 선교지의 원주민이나 이민 목회의 교인들이 달리 보일 것이기 때문이다. 그리고 여러분의 선교지와 목회지도 새로운 분위기의 사역 현장으로 바뀔 것으로 확신하며, 이 책을 적극 추천한다.

2019년 12월
박혜성 목사
(전 Azusa Pacific University 교수, 현 남가주 펠로십 교회 담임)

머리말

점점 세계가 글로벌화 되어 가는 21세기의 담론은 '문화'와 '소통'이라고 감히 말할 수 있다.

문화권이 서로 다른 지역에서 사역하는 선교사, 이민 목회자들은 물론이거니와 200여 만 명의 외국인 이주민들이 거주하는 다문화 사회로 급변하는 한국 사회의 복음 사역자들에게도 교차문화 사역은 피부로 느낄 만큼 중요하고 절실한 과제로 떠오르고 있다.

다문화 사회에서 가장 중요한 이슈는 '문화 간 소통 능력'(intercultural communication competence)이다. '문화 간 소통 능력'이란 문화적 차이에 대한 인지를 바탕으로 다른 문화권에 속한 사람들과 언어적, 비언어적 메시지를 얼마만큼 효과적으로 이해하며 소통할 수 있는가 하는 능력이다. 이 책에서는 인간 커뮤니케이션(human communication) 가운데에서도 문화 차이에서 발생하는 비언어적 소통에 대한 통문화적 이해에 초점을 맞추고 있다.

문화 간 의사소통 능력을 얘기할 때면 주로 언어에 내포된 의미의 중요성을 기반으로 다루어지는 경향이 있다. 그러나 교차문화 사역에 있어서 가장 중요한 것이 언어 습득이라고만 생각해서는 안 된다. 단순히 언어만 익혀서는 진정한 복음 커뮤니케이션을 이룰 수가 없다는 데서 심각한 문제가 발생하는 것이다. 문화간 소통을 이루기 위해서는 우선 문화적 차이를 인지해야 하는데, 문화는 언어로 표현되는 것 외에 비언어적인 관습과 행동양식을 훨씬 더 많이 내포하고 있다.

그러기에 언어만을 익혀서 타 문화권과의 소통을 추구하고자 한다면, 이는 마치 언어만 겨우 배운 유치원 혹은 초등학교 수준의 어린아이가 어른들과 깊은 의미들을 소통하겠다고 하는 것과 같은 이치이다. 물론 기본적인 의사소통은 가능하겠지만, 그 의미가 담고 있는 화자의 다양하고 깊은 의도를 이해하지 못하기 때문에 진정한 의미의 통문화적 의사소통은 거의 불가능하다.

여러 문화권이 공존하는 현실 상황에서 의미 있고 진정한 복음의 소통을 위해서는 언어적 훈련을 넘어서 다양한 비언어적 행동양식에 대한 우선적 이해와 습득이 필요하다. 대부분 언어와는 달리 비언어적 다양한 양식들은 오랜 역사와 관습들을 통해 습관화되어 있기에, 이러한 비언어적인 행동양식에 대한 이해가 없이는 자칫 비의도적인 오해를 불러와서 진정한 의미의 전달이 불가능해지게 마련이다.

필자가 박사학위 과정으로 이 분야에 집중했던 이유는, 급속도로 다가오는 다문화적 상황에서 어떻게 효과적인 복음 커뮤니케이션을 이룰 수 있는가에 대한 현실적인 대안을 찾아보기 위함이었다. 한국 사회는 물론 이민 목회, 선교지에서의 효과적인 복음 커뮤니케이션은 우리에게 주어진 최상의 과제이기 때문이다. 일반 학문에서는 그나마 교차문화적 상황에 따른 다양한 커뮤니케이션 이론과 함께 소통의 방식들이 다루어지고 있지만, 아직도 목회 현장이나 선교적 측면에서는 비언어적 커뮤니케이션의 이론과 실제에 대한 목회학적, 선교학적 접근과 연구는 황무지와 같다.

바로 눈앞에 다가온 다문화적 목회 환경이나 선교적 훈련 과정에서 필수적으로 다루어져야 할 이 분야에 대해 작은 디딤돌 하나라도 던진다는 심정으로 이 책을 출판하게 되었다.

감사해야 할 분들이 많다. 먼저는 몇 해 전 하나님의 부르심을 받으신 아버님에게 이 책을 헌정하고 싶다. 평생 아들의 생애를 올곧게 인도하며 기도하셨고, 이 책을 그리 보고 싶어하며 눈을 감으셨다. 아버지를 대신하여 곁에서 항상 함께해 주는 뉴욕의 형님 최완진 장로와 형수 김금수 권사에게 고마움을 전하며, 꼭 이 책을 드리고 싶다.

이 책은 필자의 교차문화 박사학위 논문을 책으로 출판하는 것이다. 이 분야를 공부하는 동안 수많은 자료를 제공하며 친히 지도해 주신 Grace 신학교의 Tom Stallter 박사와 박시경 교수의 은혜를 잊을 수 없다. 그들의 격려와 지도가 없었다면 이 책은 제대로 빛을 보지 못했을 것이다. 또한 부족한 졸고를 일일이 읽어 보면서 유익한 멘트와 추천사를 써주신 크레타의 조용성 선교사를 비롯하여 각 분야에서 사역하는 사랑하는 친구 목사, 선교사, 교수들에게 감사를 드린다.

무엇보다 사랑하는 가족들의 사랑과 헌신을 깊이 감사하지 않을 수 없다. 평생을 곁에서 묵묵히 기도로 내조하며 격려해 주는 사랑하는 아내 정금화 사모와 아들(Joshua), 딸(Esther), 며느리 (Lisa)와 사위(Jaymin)를 포함한 손주들(하영, 주영, 애영, 태영) 모두에게 깊은 사랑과 감사를 전한다. 이들이 곁에서 용기와 사랑을 주지 않았다면, 오늘의 목회의 열매와 학문적 결실은 무척 부실해졌을 것이다.

끝으로 이 책의 출판을 쾌히 허락해 주신 쿰란출판사의 이형규 장로님과 임직원들의 수고에 깊은 감사를 드린다. 더불어 힘든 이민목회에도 묵묵히 곁에서 위로하며 함께 주의 나라와 영광을 위해 헌신하는 샌디에이고 반석장로교회 온 성도들에게 깊은 감사를 드린다. 이들의 기도와 후원이 오늘 이 책으로 작은 결실을 본 것 같아 더욱 고맙고 감사할 뿐이다.

그러나 이 모두는 삼위일체 하나님의 은혜의 선물임을 알기에 오직 그분께 감사와 찬송을 올려 드린다. 오직 예수 그리스도의 구속의 은혜와 사랑이 다문화권에서 헌신하며 사역하는 모든 주의 종들에게 보다 효과적으로 소통되기만을 바라며 오직 주님께 영광을 돌린다.
Soli Deo Gloria!

샌디에이고 목양실에서
최동진 목사

차례 Contents

추천사_ 전 예장 합동 GMS 선교총무, 현 북 사이프러스 순회 선교사(Member Care) 조용성 선교사 • **4**
GAP 국제 사역 대표 안강희 선교사 • **6**
합동신학대학원대학교 선교학 김학유 교수 • **8**
전 백석대학교 선교학 주임, 현 Southwestern Reformed Seminary 방동섭 교수 • **10**
미국 나바호 원주민 선교 이남종 선교사 • **12**
헝가리 집시 선교 최영 선교사 • **14**
전 Azusa Pacific University 교수, 현 남가주 펠로십 교회 담임 박혜성 목사 • **16**

머리말 • **18**

1장 서론 · 25

1. 성공적인 교차문화 사역을 위한 제언 _ 26

2. 주요 용어 해설 _ 36
  1) 커뮤니케이션(Communication) _ 36
  2) 비언어적 커뮤니케이션(Nonverbal Communication) _ 37
  3) 교차문화 의사소통(Intercultural Communication or Cross-Cultural Communication) _ 38
  4) 문화충격(Cultural Shock) _ 39
  5) 문화 적응 혹은 문화화(Enculturation) _ 40
  6) 자민족 중심주의(Ethnocentrism) _ 41
  7) 성육신적 교차문화 커뮤니케이션(Incarnational Intercultural Communication) _ 42

2장 비언어적 커뮤니케이션에 대한 성경적 기초 · 45

3장 비언어적 커뮤니케이션에 대한 일반 원리 및
교차문화적 이해 · 53

    1. 일반적 커뮤니케이션에 있어서의 비언어적 커뮤니케이션 _ 54
    2. 비언어적 커뮤니케이션의 일반적 특징 _ 65
    3. 비언어적 커뮤니케이션과 문화적 상황 _ 78
    4. 비언어적 유형의 보편성과 특수성의 문제 _ 86

4장 비언어적 커뮤니케이션의 다양한 유형들 · 93

    1. 키네식스(Kinesics, 신체언어학) _ 95
        1) 몸짓(Bodily Movement)과 자세(Gesture) _ 100
        2) 얼굴 표정(Facial Expression)과 눈 동작(Eye Movement) _ 108
        3) 신체 접촉(Physical Touch) _ 124

    2. 프락세믹스(Proxemics, 공간언어학) _ 132
        1) 대인 커뮤니케이션에 있어서의 공간과 영역 _ 133
        2) 문화권에 따른 공간과 영역 _ 138
        3) 리더십과 권력에 따른 공간 점유 형태 _ 142

3. 크로네믹스(Chronemics, 시간언어학) _ 144
      1) 사회심리학적 시간 이해 _ 146
      2) 문화인류학적 시간 이해 _ 147
      3) 단일시간 개념(Monochronism)과 복합시간 개념(Polychronism) _ 153

   4. 유사언어(Paralanguage) 및 기타 비언어적 유형들 _ 158
      1) 유사언어(Paralanguage) _ 158
      2) 외모(Appearance)와 의복, 장식(Object) 및 상징물들(Symbols) _ 165

5장 결론 및 제안 · 177

부록 Appendix · 195
   1. 교차문화 사역을 이해하기 위한 가치모델 자가 점검표 _ 196
   2. 교차문화 수용능력 개발 방법-4단계 _ 204
   3. 교차문화 적응력 자가 진단표 _ 207
   4. 비언어적 의사소통 행동의 관찰 _ 212
      (Observations of Nonverbal Communication Behavior)
   5. 단일시간 개념(Monochronism)과 복합시간 개념(Polychronism) 측정표 _ 216
   6. 자민족 중심주의(Ethnocentrism) 자가 진단표 _ 218

참고문헌(Bibliography) _ 220

1장

서론

1.
성공적인 교차문화 사역을 위한 제언

인간은 누구나 예외 없이 주로 언어를 통하여 자기 생각이나 의사를 직접적으로 표현하고 전달한다. 광의적인 의미에서 볼 때 이러한 인간의 의사소통 능력은 태초부터 '말씀'(logos)이라는 하나님의 커뮤니케이션 행위에 의해 인간에게 부여된 이후, 커뮤니케이션은 인간 존재에 선험적(apriori)으로 존재해 왔다고 볼 수 있다.[1]

여기서 '말씀'(logos)이라는 의미는 인간적 언어구조 안에서 파악하더라도 단순한 상징(symbol) 그 자체 혹은 단어, 문자 또는 이러한 것을 수단으로 하는 인식이나 사고 이상의 어떤 것이다. 즉 의지나 내용이 어떤 행위를 통하여 표출되어 외재화함으로써 빛이 있게 하고 우주가 있게 한 힘으로 포함하는 말 이상의 어떤 것, 즉 커뮤니케이

---

1) 요 1:1.

션이 되는 것이다.

그렇기 때문에 커뮤니케이션은 바로 우주의 존재 이유 그 자체인 동시에 인간 존재의 근본원리로 파악된다.[2]

그러나 언어 외에도 마음의 생각을 얼굴 표정이나 몸동작 등을 통해 보다 더 구체적으로 암시하는 경우도 많이 있다. 그래서 잠언 기자도 "마음의 즐거움은 얼굴을 빛나게 하여도 마음의 근심은 심령을 상하게 하느니라"(잠 15:13, 개역한글)라고 지적했다.

칼리 도드(Carley H. Dodd)는 비언어적 커뮤니케이션의 중요성을 다음 세 가지로 요약한다.[3]

첫째로, 비언어적 행위는 우리가 대화에서 유추한 의미의 많은 것을 설명한다. 의미를 인식하고 축출하는 첫 번째 단계는 실제 진술된 메시지인데, 이것을 인지적 내용이라고 본다면, 메시지에 함축되어 있는 감성적 내용들은 비언어적인 모습으로 표출되기에, 감성을 인식하는 것은 표출된 비언어적 인식으로 가능하다는 것이다.

그러므로 비언어적 요소들은 온전한 의사소통의 메시지 자체보다 더 중요하게 되는 것이다. 메라비안(Mehrabian)은 대화에서 의미의 93%가 비언어적으로 전달된다고 지적하는데, 38%는 목소리로, 55%는 얼굴을 통해서 전달된다고 보았다.[4]

둘째로, 비언어적 행위는 무의식적이며 잠재적인 의식세계를 반영함으로 진정한 의사소통의 면에서 비언어적 행위에 대한 이해는 대

---

[2] 최창섭, 《교회와 커뮤니케이션 총론》, 성바오로 출판사, 1978, p.21.
[3] Carley H. Dodd, 《문화를 초월하는 역동적 커뮤니케이션》(Dynamics of Intercultural Communication), 임헌만 역, 서울: 그리심, 2008, pp.220-221.
[4] Albert Mehrabian, Silent Messages, 2nd ed., Belmont, Calif.: Wadswroth, 1981. Carley H. Dodd, ibid. 재인용.

단히 중요하다. 우리는 보통 우리가 말하는 단어에 집착하여 이를 근거로 소통하려고 하고 통제하려고 애를 쓴다. 그런데 비언어적 행위는 무의식적으로 드러나기에 통제되지 아니하는 단서를 제공하는 것이다. 사실 뛰어난 거짓말쟁이라 하더라도 그들이 알지 못하는 사이 흘리는 미세한 비언어적 단서에 의해 거짓이 추적될 수도 있다.

이렇듯 우리는 비언어적 행위가 자발적이고 쉽게 조정되지 않는다고 생각하므로 그 비언어적 행위가 말로 하는 행위와 대조된다 할지라도 그것을 믿는 경향이 있다.[5]

비언어 행위가 중요하다고 믿는 세 번째 이유는, 비언어 행위는 의사소통을 하지 않을 수 없다는 데 있다. 비록 어떤 사람이 침묵을 택한다 할지라도, 침묵 자체가 내포하고 있는 또 다른 의미를 이미 전달하고 있다는 것이다. 어떤 경우에는 말을 하는 것보다 오히려 몸짓이나 침묵을 통해 의미를 전달하게 되는 경우가 있다.

사도행전 24장을 보면, 사도 바울이 당시 벨릭스 총독 앞에서 심문을 받는 장면이 나온다. 당시 대제사장 아나니아의 변사 더둘로가 바울을 송사하는 내용을 다 들은 후에 벨릭스 총독은 바울에게 "머리로 표시하여 말하라"(행 24:10, 개역한글)고 했다. 바로 이 장면은 언어 대신에 몸으로 자기 의사를 표시한 경우이다.

이처럼 몸짓도 신체언어 중 일부이며, 이러한 행동들의 배후에는 문화와 권력의 양식을 내포하고 있음에 틀림이 없다. 머리로 표시하는 경우는 벨릭스 자신의 총독의 위치에서 나온 권위적인 행동으로 평가된다. 심문을 받는 입장에서 바울이 벨릭스 총독에게 그러한 제스처를 쓸 수는 없을 것이다. 예나 지금이나 그러한 행동은 아랫

---

5) Pat Gardener, "Nonverbal Communication", in Carley Dodd and Michael Lewis, *Introduction to Human Communication*, 2nd ed. Dubuque, Iowa: Kedall/Hunt, 1992.

사람이 윗사람에게 취할 수 있는 행동이 아니며, 윗사람이 아랫사람에게 표하는 행동양식으로 이해가 된다. 이처럼 언어보다는 비언어적인 행동에 문화적 양식을 내포하는 경우가 비일비재하다.

언젠가, 블라드미르 푸틴 러시아 대통령이 한국 방문을 한 적이 있다. 그런데 푸틴 대통령은 예정된 대한민국의 박근혜 대통령과의 정상회담 장소에 무려 30여 분 늦게 도착하여 정상회담이 40분 늦게 시작했다. 분초를 다투는 정상간의 회담을 무려 30여 분 지각한다는 것은 심각한 외교적 결례라고 말할 수 있다.

그런데 이미 그는 각국의 정상간의 회담에서 지각한 사례가 많이 있음이 드러났다. 버락 오바마 미 대통령과 G20 정상회담(2012년)에서는 40분, 로마 교황 요한 바오로 2세와의 만남(2000년)에서도 15분 지각했으며, 김대중 대통령(2000년)과는 45분, 이명박 대통령(2008년)과는 40분, 2013년 9월 러시아에서 박근혜 대통령을 40분간 기다리게 했다.

이를 러시아 문화권에서는 자연스런 현상으로 받아들일지 몰라도, 비교적 정확한 시간 개념에 익숙한 서구 문화권에서나 그 영향 하에 있는 대한민국 국민들의 정서에는 상대방을 중요시하지 않고 오히려 무시하고 얕잡아보는 러시아 푸틴의 태도로 받아들이며 외교적 무례라고 지적하고 있다.[6)]

특히 그의 최측근은 이에 대해 "꽁한 성격 때문"이라고 해명했다지만, 일부는 고의적인 정치행동이라고 분석하는데, 그 예로 2012년 가스 공급 문제를 논의하기 위해 빅토르 야누코비치 우크라이나 대

---

6) 2013년 11월 13일 〈국민일보〉 사설. http://news.naver.com/main/hotissue/read.nhn?mid=hot&sid1=110&cid=309895&iid=949862&oid=005&aid=0000601156&ptype=021.

통령과 만날 때에는 무려 4시간이나 늦었는데, 그 이유가 회담장으로 가는 길에 오토바이 마니아들과 술을 마시느라 그랬다는 것이다. 이는 회담 상대방에 대한 경시의 경향을 드러낸 것이라고 볼 수 있다. 러시아 정치평론가 드미트리 아브 라모브는 "고의적인 지각은 일종의 자기 과시"라며 "과거 러시아가 전 세계 정치사에서 황제의 위치에 있었다는 점을 강조하려는 것"이라고 평가했다.[7)]

이처럼 시간은 문화권에 따라 의미가 다를 수 있고, 또 어떤 의미에서 그 사람의 태도나 의사를 전달하게 되는 것이다. 이는 비단 정치인들의 문제만이 아니다. 교차문화권 선교적 측면에서 각 문화권에서 발생하는, 시간이 가지고 있는 다양한 의미의 전달에는 신뢰도와 밀접한 관계가 있음을 알게 된다.

사람들이 대화할 때에 때로는 침묵을 보이는 경우가 있다. 침묵하는 것 역시 비록 언어는 아니지만, 시간의 차이를 통해 자신의 의사를 전달하는 또 다른 의사전달 방식이다. 적절한 침묵을 통해 자신의 현 상태를 전달하고 있는 것이다. 특히 침묵을 이해하는 문화적 차이도 존재한다. 서구권에서는 말을 많이 하는 것보다 침묵하는 태도가 무능하고 우매하게 보여질 수 있지만 동양문화에서는 오히려 말을 많이 하는 것보다 때로 신중함으로 보여질 수 있기도 하다.

또 어떤 경우에는 공간을 이용한 의사전달 방식도 존재한다. 예를 들어, 어떤 사람과의 관계가 어색할 때에는 그 사람과 실제적으로 멀리 떨어진 곳에 위치하는 경향이 있다. 반면에 친밀감을 나타내고자 할 경우는 공간의 거리를 가깝게 유지하려고 한다. 그러므

---

7) 2013년 12월 3일 〈한국일보〉 인터넷판. http://news.hankooki.com/lpage/world/201312/h2013120303325822450.htm.

로 쌍방 간의 커뮤니케이션은 단순히 언어적인 요소만 있는 것이 아니라 비언어적인 속성을 가지고 있음을 이해하게 된다.

그런데 문화가 다른 사람들과의 의사소통을 하는 경우, 분명 좋은 의미를 가지고 서로의 의미를 소통하고자 추구하지만 그 문화 고유의 비언어적 행동양식을 이해하지 못해 의사전달의 왜곡현상을 종종 경험하게 된다. 결국 문화간의 의사소통은 각 문화 간의 비언어적 행동양식에 대한 이해를 기초로 하고 있음을 알게 된다. 동시에 비언어적인 행동양식들 간에는 통문화적인 보편적인 경우도 존재하지만, 그 문화만이 가지고 있는 독특성이 상존하고 있음을 깨닫게 된다.

이런 의미에 있어서 현대 타 문화권 선교에서 발생하는 통문화적 의사소통(cross-cultural communication)의 문제가 가장 중요한 이슈로 떠오르게 되었다. 현대 선교에 있어서 가장 중요한 관건은, 타 문화권 선교에 있어서 문화 차이를 어떻게 극복하고 현지 문화 안에 내재한 행동양식으로 가장 근접하게 복음을 증거하느냐일 것이다. 결국 교차문화권 커뮤니케이션(intercultural communication)은 언어적인 부분과 비언어적인 요소로 크게 나누어짐을 부인할 수 없다.

그러므로 타 문화권 선교사에게 있어서 가장 중요한 것은 "어떻게 현지인들이 성경적인 복음을 바르게 이해하고 효과적으로 삶에 적용하느냐"의 문제인 바, 이 문제는 단순한 언어 문제만이 아니고 그 문화권에 농축된 비언어적인 행동양식에 대한 이해의 문제에서 시작되는 것이다.

그런데 문화인류학이나 커뮤니케이션 학자들의 견해에 따르면, 전체적인 의사소통(total communication)에서 언어가 차지하는 비율이 대략 30% 정도이며, 오히려 비언어적인 요소가 차지하는 비율이 70%

이상으로 훨씬 크게 나타나고 있음을 지적하고 있다.[8] 그러므로 교차문화권의 의사소통이 효과적으로 이루어지기 위해서는 언어 전달은 물론 비언어적인 의사소통 기법에 대한 이해가 선행되어야 한다.

선교사가 복음을 현지어로 아무리 유능하게 증거한다 할지라도 현지 문화권에 농축되어 있는 비언어적인 전통이나 관습이나 행동, 상징들에 대한 이해가 없이는 온전한 의사소통이 불가능해진다.

그러므로 이 책에서는 타 문화권에서의 복음 전파를 타 문화권 간의 의사소통의 측면으로 이해하면서, 동시에 비언어적 커뮤니케이션의 원리와 요소들을 살펴봄으로써 타 문화권을 향한 효과적인 복음 커뮤니케이션에 기여하고자 한다.

특별히 앞으로 구체적으로 논하게 될 다양한 비언어적 요소들은, 그 문화권에서 오랜 세월 축적된 문화적 산물이며, 동시에 그 문화권의 가치관과 세계관이 반영된 것이기도 하다. 그러기에 현지 문화 속에 담겨 있는 비언어적 요소를 바르게 이해하고 소통하는 것이 효과적인 복음 전달에 필수적인 요소가 될 것이다. 바로 그러한 면에서 비언어적 의사소통에 관한 연구는 선교학적인 의의는 물론 교차문화권 사역에 효과적인 정보를 제공하는 면에서도 그 중요성이 있다.

타 문화권 선교를 위해서는 비언어적 커뮤니케이션과 관련하여 다양한 질문들이 파생된다. 예를 들면 다음과 같다.

1) 비언어적 행위들은 커뮤니케이션과 어떤 상관관계를 가지고 있는가?

---

[8] 최윤희, 《비언어 커뮤니케이션》, 서울: 커뮤니케이션북스, 1999, p.8.

2) 비언어적 행위들의 양식은 무엇인가?
3) 비언어적 행위들은 문화적 배경을 가지고 있는가?
4) 비언어적 행위들은 문화 간에 보편적으로 동일한가, 아니면 문화 간에 상이한가?
5) 교차문화 간에 이루어지는 비언어적 커뮤니케이션을 효과적으로 이루기 위한 제안들은 무엇인가?

필자는 이 책에서 "비언어적 행위는 교차문화권에서 보편적인 것도 있지만 특수성이 상존하기에, 교차문화 선교 사역자들은 반드시 비언어적 커뮤니케이션의 양식들을 언어적인 것과 동시에 연구하며 예수 그리스도의 성육신적 상황화 모델을 통해 효과적인 복음 전달을 이룰 수 있다"는 것을 전제로 한다.
그에 따라 우선 비언어적 커뮤니케이션에 대한 통문화적 이해를 다룰 것이며, 나아가 비언어적 요소들에 대한 구체적인 요소들이 문화 간에 어떻게 보편적이며 상이한가를 입증해 나가고자 한다.
그렇게 함으로 그 비언어적 행위의 의미가 문화적으로 어떻게 다른가를 이해하고, 문화 간 복음 커뮤니케이션을 효과적으로 수행하는 데 도움이 되도록 교차문화적 관점에서 연구하고 적용해 나갈 것이다.

필자는 이 책에서 교차문화권에서 일어나는 효과적인 복음 커뮤니케이션을 목적으로 문화와 관련한 비언어적인 다양한 형태와 요소들을 분석하되, 교차문화권에 따라 다양한 의미들을 비교하며 다루려고 한다.
복음을 전달하는 선교사를 송신자로 보며, 복음을 접하는 타 문화권 대상자들을 수신자로 보아, 복음의 메시지 전달을 쌍방 커뮤니케이션(two way communication)의 원리로 이해하는 것을 전제한다.

복음 전달자(선교사)와 수신자(타 문화권 복음 수용자) 사이에서 발생하는 복음 커뮤니케이션은 크게 보아 언어와 비언어로 양분되는데, 언어적인 측면보다는 비언어적인 측면에서 문화적 양식과 세계관의 특징을 상징하는 요소들을 많이 포함하고 있다. 이것이 타 문화권에서 복음 커뮤니케이션을 이루어야 하는 선교사에게 있어서 언어적 커뮤니케이션은 물론 비언어적 커뮤니케이션에 대한 다양한 이해가 우선되어야 하는 이유이다.

이에 제3장에서는 주로 문화와 비언어적 커뮤니케이션에 대한 이해를 다루게 될 것이며, 제4장에서는 비언어적 커뮤니케이션의 다양한 양식들을 구체적으로 다루게 될 것이다.

필자는 주로 문헌 연구(literature review)와 다양한 문화가 상존하는 Melting pot이라 불리는 미국 생활 30여 년의 다양한 경험들, 특히 아시아 문화권(한국, 일본, 필리핀, 베트남 등), 스패니쉬 문화권(멕시코를 비롯한 남미), 중동문화권(이란, 이라크 등)이 서로 교차하는 샌디에이고(San Diego, California)의 20여 년의 생활을 토대로 하였다.

물론 교차문화권에서 발생하는 다양한 비언어적인 양식들은 직접 그 문화에 들어가 오랜 세월을 살면서 직접 현지 문화의 뿌리부터 체험하여 익숙해지는 방법이 가장 효과적임은 두말할 나위가 없다. 그러나 이러한 직접적인 경험은 연구자의 시간과 공간의 한계성을 지니고 있기에, 지구상에서 존재하는 모든 문화권에서 발생하는 다양한 경험들을 토대로 한 연구는 사실상 불가능하다.

그리하여 필자는 주로 다양한 자료들과 문헌들, 교차문화적인 삶을 토대로 하여 교차문화 사역에서 발생하는 비언어적인 다양성과 특수성의 문제를 고찰할 것이며, 필요한 부분에서는 필자의 실제적인 사역을 통한 참여자 관찰(participant observation)의 방법들이 사용될 것이다. 특히 모든 문헌 자료들은 필자가 살고 있는 캘리포니아 샌디에이고에 위치한 UC San Diego(University of California, San Diego)의 인문학 도서관의 자료들이 다양하게 사용되었음을 밝힌다.

필자는 본 연구를 통해 복음 커뮤니케이션의 방대한 원리를 다 논하고자 하는 것은 아니다. 다만 협의적인 의미에서 인간의 비언어적인 행동양식에 대한 문화권 차이에서 오는 보편성과 특수성의 문제 등을 집중적으로 다루고자 하며, 비언어적인 커뮤니케이션의 형태들을 검토하여 교차문화적인 이해를 고찰하려는 것이다.

이처럼 인간의 커뮤니케이션 행위에서 비언어적인 요인이 차지하는 범위와 중요성에도 불구하고 비언어적 커뮤니케이션에 대한 선교학적 연구는 지극히 일천하다고 볼 수 있다. 많은 선교학 교재나 연구들이 주로 문화인류학적인 면에서는 상당한 진전을 보이고 있지만, 실제적인 커뮤니케이션의 관점과, 특히 비언어적인 관점에서의 연구는 미진한 편이다. 필자 역시 타 문화권에서 복음 사역에 종사하고 있지만, 모든 이론적인 근거는 일반 학자들의 견해에 의존할 수밖에 없음도 한계점으로 밝혀 둔다.

2. 주요 용어 해설

1) 커뮤니케이션(Communication)

'커뮤니케이션'(communication)이란 원래 '공통되다'(common) 혹은 '공유하다'(share)는 의미를 지닌 라틴어 '커뮤니까레'(communicare)에서 파생된 말이다.[9] 사전적 의미에서 보면, 웹스터 사전은 "사상이나 의견, 정보 등을 상호 교환하거나 전달하는 행위를 의미하며 효과적인 사상 표현을 다루는 예술이다"라고 정의한다.[10] 원래 인간은 하나님의 형상을 닮은 존재로 창조되었기에, 인간 상호간의 의미들을 서로 나누며 살아가는 것은 당연하다고 볼 수 있다.

그런 의미에서 사회학자 찰스 홀톤 쿨리(Charles Horton Cooley)는

---

9) 차배근, 《커뮤니케이션학 개론(상)》, 서울: 세영사, 1978, p.19.
10) Merriam Webster, "Communication", *Webster's New American Dictionary*, New York: Smithmark Publishers, 1995, p.106.

"커뮤니케이션이란 인간관계가 존재하고 발전하게 되는 메커니즘(mechanism)이다"라고 정의했으며, 유진 윌리엄스(Eugene Williams)는 "커뮤니케이션이란 근원의 의미에 가깝도록 수용자에게 의미를 불러 일으키려는 시도의 전 과정이다"라고 정의했다[11].

그러므로 인간은 서로 의사소통을 통해서 관계를 발전시켜 왔으며 역사와 문화를 일구어 왔다고 해도 과언이 아니다. 윌리엄 모어(William F. More)는 "커뮤니케이션이란 인간과 인간, 인간과 그의 환경, 환경과 환경 사이에서 공통적으로 이해된 관계를 수단으로 하여 어떤 것을 전달하는 과정"이라고 정의한다.[12]

이러한 광의적인 개념을 요약하여 정리한다면, "커뮤니케이션이란 어떤 사람이 주어진 환경에서 자신의 메시지(마음이나 생각, 사상이나 정보 혹은 의도 등)를 전달하고, 상대방의 반응을 교환하고 해석하는 역동적인 모든 활동이다"라고 할 수 있다.

의미의 전달은 수신자가 의도한 언어가 중단되는 한순간에 끝나지 않고 비언어적인 행위가 연속되기에 '역동적'이라고 볼 수 있다. 그런 의미에서 필자는 본 연구에서 '커뮤니케이션'을 한국어로는 '의사소통의 전 과정'이라는 의미로 사용할 것이다.

2) 비언어적 커뮤니케이션(Nonverbal Communication)

그렇다면 '비언어적 커뮤니케이션'을 어떻게 정의할 수 있는가? 비언어적 커뮤니케이션이란 언어가 아닌 다른 것들로 인한 의사 전달 양식을 총칭한다. 예컨대, 말하는 송신자의 목소리 질 혹은 높낮이,

---

11) Eugene E. Williams, *Cross Cultural Communication*(Lecture), 채은수, 〈신학지남〉, 제50권 4집, 서울: 총신대학 출판부, 1983, p.128. 재인용.
12) 최창섭, 《교회와 커뮤니케이션 총론》, 서울: 성바오로 출판사, 1978, p.31.

눈짓을 포함한 얼굴 표정, 접촉, 제스처와 같은 신체적인 움직임, 외모, 냄새 등의 다양한 신체 언어(body language)와 부착물, 시간과 공간을 통한 의사소통 등을 포함한다. 필자는 "비언어적 커뮤니케이션이란 언어적인 면을 제외한 모든 비언어적인 의사소통 기법을 의미한다"라고 정의한다.

3) 교차문화 의사소통(Intercultural Communication or Cross-Cultural Communication)

'문화 간 의사소통'(cross cultural communication) 혹은 '교차문화 의사소통'(intercultural communication)이라는 용어는, 서로 상이한 문화 속에 살고 있는 개개인들이 상호 의사소통을 가능하게 하는 모든 활동을 말하며, 문화적 가변성과 다양성이 개인 상호간의 의사소통의 결과에 끼치는 모든 영향까지를 포함한다.[13]

나아가, 한 문화권의 문화제도를 사용하여 다른 문화권에서 의미하는 원래 의미에 가장 근접한 방법으로 생각과 사상의 의미를 훼손하지 않고 전달하는 것을 의미한다.[14] 그러므로 한 사람에게 있어서 내재된 상징과 의미가 주어진 타 문화권에서 적합하게 의사소통이 이루어지도록 발전시킬 때 효과적이며 성공적인 교차문화 커뮤니케이션을 이루게 된다.

이러한 경우 교차문화권 사역자의 사회 활동은 현지에서 제 기능을 발휘하며, 비언어적 의사소통에서의 이해와 기술, 그리고 감정이입을 발전시킴으로써 교차 문화권 의사소통의 수준을 더욱 높일

---

13) Carley H. Dodd, 《문화를 초월하는 역동적 커뮤니케이션》(*Dynamics of Intercultural Communication*), 임헌만 역, 서울: 도서출판 그리심, 2008, p.19.
14) Thomas M. Staller, 《교차문화 의사소통》(*Intercultural Communication*), Course Syllabus, 2012, Fall.

수 있다.

그러기에 교차문화 의사소통은 단순히 선교학적인 면에서만이 아니라, 오늘날 문화인류학적인 측면에서 무척 소중하게 다루어지는 분야이기도 한다.

4) 문화충격(Cultural Shock)

문화충격이란 어릴 때부터 배우고 익혀 온 자문화적 틀과 지침들이 더 이상 적용되지 못할 때 경험하는 방향감각의 상실을 말한다.[15] 어떤 개인이 다른 문화권에 들어갈 때에 문화적인 차이로 인하여 정신적, 육체적, 심리적인 갈등과 동요를 일으키기 쉽다. 이것을 '문화적 충격'(cultural shock)이라고 일컫는다. 문화적 충격은 단순히 음식이나 기후 문제를 떠나 위생 상태나 예의범절(etiquette)에 끊임없이 발생한다.

그러므로 언어적인 장벽은 물론 비언어적인 문화 차이는 상호 관계에 영향을 미치게 되며, 일상생활은 물론 일상적인 업무 활동에 막대한 지장을 초래한다. 문화충격이 심해지면 정신적인 스트레스는 물론 육체적인 고통을 수반하게 된다. 심리적으로나 영적으로 억압상태를 느끼게 된다. 마침내 상황 극복의 상실감 속에서 교차문화 의사소통은 실패하게 된다.

그러므로 문화충격을 가져오는 다양한 요건들을 적당하게 효과적으로 다루어 주는 것이 교차문화 의사소통에 있어서 중요한 요소 중 하나이다.

---

15) Paul G. Hiebert, 《선교와 문화 인류학》 (Anthropological Insights for Missionaries), 김동화 외 역, 서울: 죠이선교회 출판부, 2012, p.92.

5) 문화 적응 혹은 문화화(Enculturation)

사람은 태어나면서부터 자신이 속한 사회와 문화에 의식적으로 혹은 무의식적으로 학습하며 적응하면서 자라게 된다. 그러므로 한 인간이 문화를 학습하며 적응해 가는 과정을 '문화화'(enculturation)라고 정의한다.

문화화는 생물학적으로 유전되는 것이 아니라 무의식적 경험과 의식적인 학습을 통해 형성되기에 교차문화적 커뮤니케이션에 있어서 중요한 관건으로 작용한다. 특히 문화화 과정은 교차문화 비언어적 커뮤니케이션에 대한 이해의 기초에 속한 부분이며, 나아가 효과적인 의사소통의 중요한 관건이 된다.

폴 히버트(Paul G. Hiebert)는 문화에는 세 가지 차원이 있다고 본다. 인식적 차원(cognitive dimension), 감성적 차원(emotional dimension), 그리고 평가적 차원(evaluate dimension)인데, 이러한 문화의 세 가지 차원이 함께 연결되어 문화화가 가능하다. 이러한 문화화를 이해하고 인식하게 되면서 의미가 생성되고, 비록 서로 다른 문화 가운데서도 편안함과 안락함을 줄 수 있다고 설명한다.[16] 문화적 적응을 돕기 위해서는 교차문화권에 대한 이해와 교차문화권 사역자의 자세, 능력 배양에 관한 구체적인 실행 대안을 제시하는 드와인 엘머(Duane Elmer)의 원리들[17]을 참고하면 도움이 될 것이다.

---

16) Paul G. Hiebert, *Anthropological Insights for Missionaries*, Grand Rapids: Baker House, 1985, p.47.

17) Duane Elmer, 《문화의 벽을 넘어라》(*Cross-Cultural Connections-Stepping Out and Fitting In Around the World*), 서울: 행복우물, 2012.

6) 자민족 중심주의(Ethnocentrism)

어느 개인이 태어나고 익혀 온 문화권에서 다른 문화권과 의사소통을 추구할 경우, 자신의 문화관습과 타 문화권의 생활양식과 문화에 대한 이질감이나 충격을 경험하게 된다.

그럴 때에 자신의 문화가 타 문화에 비해 더 문명화되고 우월하다는 고정관념을 가지고, 자신의 고유문화 규범과 표준에 관계된 행위에 근거해서 타 문화를 판단하고 평가하며, 심지어는 자신의 문화권의 개념을 타 문화권에 강요하고 이식하려는 행위를 '자민족 중심주의' 혹은 '자문화 우월주의'라고 정의한다.

탐 스톨트(Thomas M. Stallter)는 자민족 중심주의의 본질을 "그 행위가 소속된 문화의 관점에서 보기보다는 자기 문화의 기준과 규범으로 그 문화의 행위를 해석하고 평가하는 것"이라고 규정하고 있다.[18] 이러한 경향을 교차문화 인류학에서는 문화 절대주의(cultural absolutism)라고 부른다.

교차문화 사역자가 타 문화권에 진입할 때에, 자칫 자신의 문화를 절대적인 것으로 보고 현지 문화를 열등하게 취급하려 하면 커뮤니케이션의 결렬현상을 체험하게 된다.

그래서 자민족(문화) 중심주의가 강한 사역자일수록 교차문화 커뮤니케이션의 결렬현상이 더욱 심화되어 마침내 문화충격과 스트레스에 빠지게 되며, 자신의 문화에 대한 방어적 감정이 나타난다. 이는 타 문화에 대해 존중하는 마음보다는 타 문화에 대한 고정관념(stereotype)으로 평가하고 해석하는 경향으로, 오히려 타 문화를 무시하거나 지배하려고 하며, 심하게는 자문화를 이식하려는 경향으

---

18) Thomas M. Stallter, *Cultural Anthropology for Ministry Applied Cultural Anthropology*, Course Syllabus, Grace Theological Seminary, 2013, p.31.

로 나타나게 된다.

제임스 융크(James Juhnke)는 "그들은 자신의 문화의 건전함과 선함에 대해 지나치게 확신했기 때문에 그들 자신의 사회적, 정치적 구조 속에 있는 이교도적인 결점을 볼 수 없었다"라고 지적한다.[19] 이에 반해 효과적인 교차문화 사역을 위해서는 문화 상대주의(cultural relativism)적 관점이 있다.

즉, 특정한 지역의 문화를 바라볼 때에 객관적 시각을 갖고 서로 다른 문화를 상호 존중하는 입장으로 나아가야 한다는 것이다. 이러한 면에서 교차문화 사역을 감당하기 위해 사역자 자신이 얼마만큼 자민족 중심적인지를 Appendix 6을 통해 점검해 볼 필요성이 있다.

7) 성육신적 교차문화 커뮤니케이션(Incarnational Intercultural Communication)

예수 그리스도의 성육신적 모델을 교차문화 커뮤니케이션의 모델로 삼는 것을 의미한다. 예수 그리스도는 근본 하나님의 본체이셨으나 하나님과 동등됨을 취할 것으로 여기지 아니하고 오히려 자기를 비워 종의 형체를 가져 사람들과 같이 되었고, 사람의 모양으로 나타나 자기를 낮추고 십자가에 죽기까지 복종하여 마침내 인간의 죄의 대속과 구원을 이룬 사역 모델이다(빌 2:6-8). 예수님은 본래 하나님과 동등된 삼위일체적 문화에서 성육신하심으로 인간 문화 속으로 오셨으며, 종이 되어 대속의 십자가 사건을 통해 섬김의 모델을 제시하셨다.

교차문화권 사역에 있어서 자민족 중심주의를 벗어나 새로운 대

---

19) James C. Juhnke, *A People of Mission: A History of the General Conference Mennonites Overseas Missions*, Newton: Faith and Life, 1979, pp.10-11.

안으로 제시되는 성육신적 모델은, 단순히 의사소통의 목적을 이루기 위한 방법론이 아니라 실제적인 삶에서 구현되는 삶의 방식이 될 때에 진정한 복음 커뮤니케이션을 이룰 수 있는 최상의 대안이 될 수 있을 것이다.

사도 바울도 "내가 모든 사람에게 자유하였으나 스스로 모든 사람에게 종이 된 것은 더 많은 사람을 얻고자 함이라 유대인들에게는 내가 유대인과 같이 된 것은 유대인들을 얻고자 함이요 율법 아래 있는 자들에게는 내가 율법 아래 있지 아니하나 율법 아래 있는 자같이 된 것은 율법 아래 있는 자들을 얻고자 함이요 율법 없는 자에게는 내가 하나님께는 율법 없는 자가 아니요 도리어 그리스도의 율법 아래 있는 자나 율법 없는 자와 같이 된 것은 율법 없는 자들을 얻고자 함이라"(고전 9:19-21, 개역한글)라고 했다.

바울의 본은 예수 그리스도의 성육신적 삶을 실제 자기의 삶에 구현하려는 의도이다. 또한 사도 바울은 이방인으로서 회심한 자들에게 유대인의 생활 형태에서 볼 수 있는 엄격한 문화나 전통, 규례들을 강요하지 않았고, 오히려 자신이 이방인과 같이 대해 주었음을 엿보게 된다.

이것은 그가 예수 복음을 전하는 것만이 목적이 아니라, 예수 그리스도의 성육신적 삶의 모델을 그대로 이방 문화 가운데서 실천하고 있음을 보여주는 것이다. 이러한 성육신적 모델이 교차문화 커뮤니케이션의 진정한 모델이 되어야 복음 커뮤니케이션이 문화를 넘어서 효과적으로 이루어질 것이다.

필자는 이 책에서 말하는 모든 원리들을 예수 그리스도의 성육신적 문화 상대주의적 관점에서 다루려고 한다.

2장

비언어적 커뮤니케이션에 대한
성경적 기초

커뮤니케이션이란 말하는 자(화자 혹은 송신자)와 듣는 자(수신자) 사이에서 일어나는 의미 있는 의사를 교환하고 표현하는 모든 활동의 영역을 포함한다고 본다면, 하나님은 원래부터 커뮤니케이터(communicator)셨다.[20] 하나님은 태초부터 말씀으로 존재해 오셨다.[21] 그 이유는 하나님은 태초에서부터 인간과 커뮤니케이션 하기를 원하셨기 때문이며, 그러기에 '그의 형상'에 따라 인간을 창조하셨다.[22] 여기서 '하나님의 형상'(image of God)이란 하나님의 속성의 일부분으로 그의 '의와 진리의 거룩함, 지식'[23]의 요소들을 인간 안에 부어 주셨는데, 이것은 삼위 하나님의 형상으로 지음 받은 남자와 여자로서의 인간은 하나님과 교류하게 되어 있었고, 서로간에 교류하도록 지음 받았음을 의미한다.[24]

헨드릭 크래머(Hendrik Kraemer)는 하나님과의 커뮤니케이션이 인간 커뮤니케이션의 근거가 된다는 사실을 레위기 19장 18절과 신명

---

20) 요 1:1.
21) 창 1:3, "And God said, 'let there be light"(NIV).
22) 창 1:26-27.
23) 엡 4:24; 골 3:10.
24) Robert Weber, 《그리스도교 커뮤니케이션》(Theology of Communication), 정장복 역, 서울: 대한기독교출판사, 1985, pp.63-76.

기 6장 4-5절을 들어 설명하고 있는데, 하나님을 전심으로 섬김이 이웃 사랑으로 나타나야 한다는 말씀으로 해석한다.[25] 그래서 헤셀그레이브(David J. Hesselgrave)는 커뮤니케이션이란 인간에게 있어서 근본적인 것임을 말하면서, 비록 하나님이 창조한 피조물 가운데 인간만이 커뮤니케이션을 할 수 있는 유일한 존재는 아니다 할지라도, 인간만이 자기 주변에서 감지하는 대상들과 아무런 관계가 없는 기호라는 형태로 시간과 공간을 초월하여 커뮤니케이션을 시행할 수 있는 지구상의 유일한 피조물임을 지적한다.[26]

동시에 하나님은 그의 백성들과 커뮤니케이션의 원리로 언어와 비언어를 매체로 하는 언약(言約, covenant)적 행위[27]를 통하여 그의 백성과의 커뮤니케이션을 계속적으로 이어 가셨다. 언약이란 말씀, 즉 '언어를 통한 약속'으로 해석해 볼 수 있음에도 불구하고, 하나님의 언약적 행위는 다양한 상징들을 포함한 비언어적 요소들을 내포하고 있음을 성경을 통해 살펴볼 수 있다.

하나님은 죄에 빠진 인간을 죄로부터 구속하시는 하나님의 은혜 언약을 최초 복음[28]을 통한 언어로 선포하시고, 이어서 가죽옷[29] 사건을 통해 예표하셨다. 창세기 3장 15절은 아담의 타락 이후에 죄

---

25) Hendrik Kraemer, *The Communication of the Christian Faith*, Philadelphia: The Westminster Press, 1956, p.14-17.
26) David J. Hesselgrave, *Communicating Christ Cross-Culturally*, Grand Rapids: Zondervan Publishing House, 1978, p.22.
27) 창 2:17. 서로의 행위를 기초로 하여 맺어진 언약을 '행위언약'이라고 부른다.
28) 창 3:15, "내가 너로 여자와 원수가 되게 하고 너의 후손도 여자의 후손과 원수가 되게 하리니 여자의 후손은 네 머리를 상하게 할 것이요 너는 그의 발꿈치를 상하게 할 것이니라 하시고"(개역한글). 이 본문은 원시복음(protevangelium)으로 불리며, '너의 후손'은 사탄의 세력을 상징하고, '여자의 후손'은 여자의 몸에서 태어나실 메시아, 즉 예수 그리스도를 예언하고 있다(마 1:21, 23; 눅 2:11-12).
29) 창 3:21.

가운데 멸망할 수밖에 없는 저들의 죄를 하나님의 아들, 메시아를 통한 십자가의 대속과 부활의 승리를 예표하는 최초의 복음 선포이다. 이것을 우리는 오직 하나님의 은혜에서 시작하였기에 '은혜언약'이라 부른다. 이 은혜언약을 선포하신 하나님은 은혜언약의 예표적 행위로 가죽옷 사건[30]을 통해 은혜언약의 행위를 예수 그리스도의 희생적 제사제도의 모형으로 상징하였다.

당시 가죽옷은 짐승의 피를 흘리고 얻어진 영구적인 옷으로 인간이 스스로 취한 무화과나무와 같은 일시적인 옷과는 상치되는 하나님의 은혜와 긍휼의 상징이었으며, 그리스도 안에 있는 성도들 위에 임하시는 하나님의, 곧 예수 그리스도의 의의 옷(롬 13:14; 갈 3:27; 골 3:10)을 상징한 것이다.

그러므로 하나님은 진정한 복음의 커뮤니케이터이시며, 동시에 하나님의 구속 사역을 친히 감당하기 위해 육신의 몸을 입고 오신 예수 그리스도의 성육신 사건[31]은 하나님의 최고의 복음 커뮤니케이션 사건이 되는 것이다. 왜냐하면 오직 예수 그리스도는 말씀이 육신이 되신,[32] 이 땅에 현현하신 유일하신 '하나님의 영광의 광채시요, 그 본체의 형상'[33]이시기 때문이다.

문화인류학자인 찰스 크래프트(Charles Kraft) 박사는 하나님의 커뮤니케이션의 원리를 그의 책 《그리스도의 커뮤니케이션 방법》(*Communicating Jesus' Way*)[34]에서 열 가지로 소개했는데, 그중에 세 가

---

30) *Ibid*.
31) 요 1:14; 빌 2:5-12.
32) 요 1:14.
33) 히 1:3.
34) Charles Kraft, *Communicating Jesus' Way*, Pasadena: William Carey Library, 1999.

지로 정리한다면 다음과 같다.

(1) 수신자 중심의 커뮤니케이션

(2) 삶의 메시지

(3) 동일화(identification) 원리이다.

가장 중요한 핵심은, 그리스도는 하늘의 높은 권세를 버리고, 인간의 몸을 입고, 인간의 수준까지 내려오셔서 인간이 사용하는 언어로 감동을 주는 '성육신적 커뮤니케이션'을 하셨다는 사실이다. 결국 그는 그리스도의 성육신 사건을 하나님의 커뮤니케이션 행위로 본 것이다.

나아가, 성령 하나님께서는 하나님과 인간과의 영적 커뮤니케이터로 이 땅에 오셨다. 그래서 예수님께서도 성령을 '진리의 영', '다른 보혜사'(요 14:16-17)로 증거하셨다. 원래 '보혜사'(παράκλητος)란 '곁에서(παρά) 부르는(καλεω) 이', 곧 곁에서 말씀하시는 분의 의미를 가지고 있다. 그러므로 성령은 우리를 진리로 이끄시는 하나님이며 동시에 영적 커뮤니케이션의 주체요 복음 커뮤니케이션을 가능케 하는 영이시다.

그런데 성령은 우리에게 영적인 언어로만 커뮤니케이션 하시는 것이 아니라 '비둘기'[35]와 같은 모습으로, 때론 '바람'이나 '불의 혀'와 같은[36] 모습으로 임재하여 우리와 커뮤니케이션 하시는 것이다. 이처럼 성령은 진리의 영으로 오셔서 예수 그리스도에 대한 진리를 단순한 언어만이 아니라 상징적인 비언어로 우리에게 커뮤니케이션 하시는 모델로 증거되고 있다.

그러므로 하나님의 커뮤니케이션은 인간 커뮤니케이션은 물론 복

---

35) 마 3:16; 막 1:10.
36) 행 2:2-3.

음 커뮤니케이션의 실제적인 모델이 되기에, 우리는 단순히 언어적 커뮤니케이션으로만 복음을 전하는 것이 아니라 비언어적 커뮤니케이션의 복음 증거에도 깊은 이해가 있어야 하는 것이다. 특히 타 문화권에서의 복음 커뮤니케이션에 있어서 언어적인 것은 두말할 것도 없으며, 그 문화와 가치관과 세계관이 반영되어 있는 비언어적인 커뮤니케이션을 이해하지 못하고서는 진정한 복음적 커뮤니케이션, 효과적인 복음 커뮤니케이션을 이룰 수가 없게 된다.

그리스도의 성육신적 커뮤니케이션 원리는 바울에게서도 역시 찾아볼 수 있다. 그가 고백하기를 "내가 그리스도를 본받는 자 된 것같이 너희는 나를 본받는 자가 되라"[37]고 한 말씀은 바울이 얼마나 수신자에게 적합하고 효과적인 커뮤니케이션을 하고 있는지를 감지할 수 있다. 사도 바울은 고린도 교회를 향해 이렇게 고백한다.

"내가 모든 사람에게 자유하였으나 스스로 모든 사람에게 종이 된 것은 더 많은 사람을 얻고자 함이라 유대인들에게는 내가 유대인과 같이 된 것은 유대인들을 얻고자 함이요 율법 아래 있는 자들에게는 내가 율법 아래 있지 아니하나 율법 아래 있는 자같이 된 것은 율법 아래 있는 자들을 얻고자 함이요 율법 없는 자에게는 내가 하나님께는 율법 없는 자가 아니요 도리어 그리스도의 율법 아래 있는 자나 도리어 율법 없는 자와 같이 된 것은 율법 없는 자들을 얻고자 함이라 약한 자들에게는 내가 약한 자와 같이 된 것은 약한 자들을 얻고자 함이요 여러 사람에게 내가 여러 모양이 된 것은 아무쪼록 몇몇 사람들을 구원코자 함이니 내가 복음을 위하여 모든 것을 행함은 복음에 참예하고자 함이라"(고

---

37) 고전 11:1.

전 9:19-23, 개역한글).

여기서 사도 바울은 예수 그리스도의 성육신적 선교 커뮤니케이션의 모델을 그대로 복음적 선교 사역과 삶에 적용하고 있다. 타 문화권을 향한 선교에 있어서 자문화 중심주의적 우월의식으로 대하지 않고, 타 문화권을 존중하고 그들의 문화 속에 배어 있는 생활양식을 통해 복음 커뮤니케이션을 이루려고 노력해 왔음을 증거한다. 이러한 노력의 일환에는 단순한 언어적인 형태의 커뮤니케이션만이 아니라, 비언어적으로 내려오는 모든 양식들에 대한 커뮤니케이션의 원리들을 포함한 성육신적 상황화 선교 전략이며, 동시에 교차문화 복음 커뮤니케이션의 핵심 원리였다.

유대인과 이방인의 복음 커뮤니케이션을 이루는 비언어적 상징모델은 베드로와 이방인 고넬료에게서도 발견된다. 사도행전 10장을 보면, 하나님은 가이사랴에 있는 이방인 백부장 고넬료라는 사람에게 환상 중에 나타나 언어적인 복음 커뮤니케이션을 위하여 먼저 언어적인 커뮤니케이션을 하신다.[38]

"네가 지금 사람들을 욥바에 보내어 베드로라 하는 시몬을 청하라 저는 피장 시몬의 집에 우거하니 그 집은 해변에 있느니라"(행 10:5-6, 개역한글).

동시에 당시 욥바에 머물고 있던 베드로에게 '가이사랴에 있는 이방인 고넬료에게 가서 복음을 전하라'고 하는 메시지를 상징언어로 행하셨는데, 유대인들의 규례에 의하면, 율법에서 금한 불결한 짐승

---

38) 행 10:5-6.

2장 비언어적 커뮤니케이션에 대한 성경적 기초

들은 먹어서는 안 되는데, 복음을 이방인에게 전해야 한다는 의미로 이 불결한 짐승들을 베드로에게 잡아 먹으라고 명하신 것이다.[39] 이것은 성령의 비언어적 커뮤니케이션 행위였다.

이렇듯 타 문화권에 속한 이방인이었던 고넬료에게 복음을 전파하라는 하나님의 명령은 고넬료와 베드로에게 각각 언어적으로, 비언어적으로 커뮤니케이션을 하신 것이다. 결국 환상을 통해 하나님의 뜻을 이해한 베드로는 고넬료의 가정에 가서 복음을 증거하게 되었고, 성령의 충만한 역사들을 체험하고 나서 이방인에게도 세례라는 비언어적 언약 행위로 하나님의 죄 사함의 구원을 선포하기에 이른다.[40]

이처럼 문화권이 다른 상황에서 복음적 커뮤니케이션은 언어적인 것도 중요하지만, 나아가 비언어적인 요소들이 반드시 상존하고 있음을 하나님께서 직접적으로 보여주신 중요한 실례가 된다.

초대교회 선교의 양대 산맥이라 할 수 있는 사도 베드로와 바울의 선교에 나타난 하나님의 복음 커뮤니케이션의 특징은, 언어적이면서도 비언어적인 요소들이 성경 문화뿐 아니라 이방 문화에도 복음적 진리와 함께 전달되어야 함을 강하게 시사하고 있다.

---

39) 행 10:9-16.
40) 행 10:48.

3장

비언어적 커뮤니케이션에 대한 일반 원리 및 교차문화적 이해

1.
일반적 커뮤니케이션에 있어서의 비언어적 커뮤니케이션

　일반적으로 커뮤니케이션은 주로 언어적 커뮤니케이션으로 이해하기 쉽다. 실제로 언어적 커뮤니케이션(verbal communication)에 대한 연구는 오랜 역사를 지니고 있기에 커뮤니케이션 하면 으레 언어적인 커뮤니케이션을 생각한다.
　그러나 일반적 커뮤니케이션에는 언어적인 요소와 비언어적인 요소가 함축되어 나타나기 때문에 언어적인 연구 못지않게 비언어적인 요소들에 대한 연구가 선행되어야 온전한 커뮤니케이션을 이룰 수 있다.
　언어적 커뮤니케이션에 비해 비언어적 커뮤니케이션에 대한 체계적인 연구는 얼마 되지 않았다. 비언어적 커뮤니케이션에 대한 본격적인 연구는 20세기 중반, 뤼스(Ruesch)와 키즈(Kees)가 인간관계의 새로운 시각적 이해에 역점을 둔 《비언어적 커뮤니케이션》[41]이란 책을 펴냄으로 시작되었다. 이후로 이 분야에 대한 관심이 높아지면서 행동심리학적 혹은 문화인류학적인 관점에서 활발한 연구들이 진행되어 왔다.

이러한 연구 결과를 토대로 일상생활에서뿐만 아니라 행동발달심리학이나 문화인류학, 선교학적 관점에서 비언어적 커뮤니케이션의 요소가 얼마만큼 중요한가를 더욱 깊이 인식하게 되었다.

비언어적 행동 분야의 권위자로 알려진 레이 버드휘스텔(Ray L. Birdwhistell)은 인간을 언어에 의해 의사소통하는 존재라기보다 모든 감각을 활용하여 커뮤니케이션하는 다감각적 존재(multi-sensorial being)로 보았다. 그런데 보통 사람들이 하루에 말을 하는 시간은 10분 내지 11분 정도밖에 되지 않으며, 문장을 말하는 데 소요되는 시간은 겨우 평균 2.5초밖에 걸리지 않고, 의미 전달은 35% 이하에 불과하고, 나머지 65% 이상을 비언어적 형태로 전달한다고 밝히고 있다.[42] 그만큼 일상생활에서의 커뮤니케이션에서도 비언어적 요소들이 차지하는 비중이 큼을 이해할 수 있다.

실제로 우리는 비언어적 행위 없이 만족할 만한 의사소통을 할 수가 없다. 모든 메시지는 하나의 암호(code)로 처리되기 때문에, 우리가 직접적으로 관심을 갖게 되는 것은 대부분 말이나 문자의 언어적 커뮤니케이션임에도 불구하고, 실제로는 우리의 의사를 전달하는 데 사용되는 언어적 신호보다는 비언어적 신호가 훨씬 더 많은 비중을 차지하며, 또한 의미 전달에 있어서 더욱 적실성이 있다

---

[41] Jurgen Ruesch and Weldon Kees, *Nonverbal Communication*, Berkeley, University of California Press, 1966.
[42] Ray L. Birdwhistell, *Kinesics and Context*, Philadelphia: University of Pensylvania Press, 1970, p.158.

는 사실이다.

특히 교차문화 커뮤니케이션에 있어서 언어적 메시지가 전달되는 과정에서, 여러 문화적 상황들과 환경적 장애요소들로 인해 완전히 다르게 왜곡될 가능성이 높음을 인식해야 한다.

탐 스톨터(Thomas Stallter)는 교차문화 의사소통에서 문화와 상황에 대한 비언어적 행위들에 대한 일정한 이해와 해석의 능력을 배우지 않고는 온전한 성경적인 복음 커뮤니케이션이 불가능함을 지적한다.[43]

조지 머리어(George Du Maurier)는 "언어는 얼마나 어설픈 도구인가" 라고 말하면서, "당신이 폐에다 바람을 넣은 후에 인후에 있는 목청을 움직여 입 모양을 만들어 말을 하면 외부 공기가 움직여 나의 머릿속의 고막을 때리고, 그때 비로소 나의 두뇌는 당신의 말의 의미를 대충 파악하게 되니, 말이라는 것이 얼마나 번거롭고 후회되는 것이며 시간 낭비인가?"라고 지적한다.[44] 물론 이 말은 언어의 불용성을 말하기보다는 비언어적 커뮤니케이션의 중요성을 강조하기 위한 말이다.

마이클 어질(Michael Argyle)은 사회적 상호작용에서 가장 중요한 분야 중의 하나가 비언어적 커뮤니케이션이라고 말하면서, 비언어적 행위의 기능과 특징을 감정의 표현(expression emotion), 내적 태도의 전달(conveying interpersonal attitudes), 개인의 인격 표현(presenting one's personality attitudes), 회요, 재생, 관심 등과 같은 유사한 의미를 전달할 목적으로 사용하는 언어와 이에 수반되는 것(accompanying speech for

---

43) Thomas M. Stallter, *Intercultural Communication*, Course Syllabus, Grace Theological Seminary, 2012, p.2.
44) Davis Flora, *"How to Read Body Language"* in New College English, Seoul: The English Literary Society of Korea, 1973, p.71.

purpose of meaning turn taking, feedback, attention and like)으로 설명하고 있다.[45]

왜냐하면 인간은 일반적으로 그의 감정이나 태도, 생각이나 사상들을 언어로 표현하려고 노력하지만, 이와는 상관없이 의식적 혹은 무의식적으로 자신의 감정이 표출됨으로 인해 보다 더 적나라한 의미들을 전달하게 되기 때문이다. 그러기에 언어적인 의미에만 집중하기보다는 비언어적인 면에 더욱 민감해야 진정한 총체적인 의미들을 나눌 수 있게 되는 것이다. 특히 교차문화권 커뮤니케이션을 추구하는 측면에서는 더욱 이 부분의 중요성을 간과해서는 안 된다. 왜냐하면 어느 문화권이든 그 문화권의 가치관이나 세계관이 반영된 공유적인 행동양식에 따른 비언어적인 요소들을 함축하고 있기 때문이다.

이러한 관계성에 대해 에드워드 스파이어(Edward Spire)는, 미국 원주민 인디언들의 문화와 언어에 대한 오랜 연구를 배경으로 언어에 문화심리적 유형이 반영된다는 통찰력 있는 견해를 사피어 워프(Sapir-Whorf) 가설[46]로 설명한 바 있다.

그러므로 교차문화 간의 의사소통은 언어적, 비언어적 요소들이 복합되어 있는 커뮤니케이션의 방식이므로 이 두 요소가 밀접한 관련성이 있음을 파악해야 하고, 이에 대해 사려 깊은 주의력이 요구된다.

---

45) Michael Argyle, *Social Interaction*, New York: Atherton Press, 1969, pp.70-71.
46) 언어와 사고, 혹은 언어와 문화의 관계에 관한 한, 사피어 워프(Sapir-Whorf) 가설이 가장 두드러진 이론이라 할 수 있다. 이에 의하면, 언어는 일반적인 좌표계가 되어 그 언어를 습관적으로 사용하는 사람들의 사고를 그 틀에 맞게 형성해 간다는 것이다. 그래서 언어의 문법적 구조, 범주, 활용, 사상 및 어휘가 그 사용자들의 사고 및 문화 형태에 영향을 주는 양자간에 연계성이 있다고 보는 것이다. 남기심, 이정민, 이홍배, 《언어학개론》, 서울: 탑출판사, 1983, p.23.

그렇다면 어떤 방법으로 비언어적(비음성적) 언어(nonverbal language)가 언어적(음성적) 언어(verbal language)와 상호 관계를 맺고 있는가에 대해 에크만(P. Ekman)은 아주 적절하게 여섯 가지로 나누어 설명하고 있다.[47]

첫째, 반복(repeating)의 관계이다. 비언어적 행동은 음성을 통해 전해진 의미를 더 적절하게 하기 위해 계속 반복 전달하는 기능을 갖고 있다. 예를 들어, 선생님이 "예수님을 믿지 않으면 지옥에 떨어집니다" 하면서 손을 아래 땅 쪽을 계속 가리키고 눈으로도 계속 그곳을 향하게 되면, 불신앙은 곧 죽음을 의미하는 결과를 가져온다는 것을 암시하며 반복하게 된다는 것이다. 또한 어떤 어린아이가 거리를 지나가다가 진열장에 있는 예쁜 인형을 보고 계속 그곳을 가리키며 엄마를 조르는 행위는 그 인형을 갖고 싶다는 의미이며 사달라는 의미이다. 이처럼 비언어적 행동은 언어적 의미를 계속 반복하는 경향이 있다.

둘째, 모순(contradicting)의 관계이다. 비언어적 커뮤니케이션이 언어를 통해 행해진 내용과 모순이 되는 경우가 있다. 예를 들어 처음 설교해 보는 설교자가 성도들 앞에서 손과 무릎이 떨리는 음성과 이마에는 구슬 같은 땀방울이 흐르는 것 같으면서도 "저의 영혼은 아주 평온합니다"를 외친다면, 청중들은 과연 그가 평온하다고 느끼는 것이 아니라 상당히 긴장하고 있다고 느낄 것이다.

그러므로 언어적인 표현과 비언어적인 태도가 서로 모순이 될 때에 언어적인 의미 전달보다는 비언어적으로 표현되는 몸짓이나 상태가 훨씬 더 진정성 있게 의미가 전달되는 것이다. 다시 말해 몸의 위

---

[47] Mark L. Knap, *Nonverbal Communication in Human Interaction*, New York: Holt, Rinehart & Winston, 1972, pp.8-11.

치나 눈의 마주침, 얼굴 표정 등은 말(언어) 이상의 훨씬 강력한 힘을 가지고 있으므로 이러한 비언어적 행위는 음성적 언어와 상반되게 의미를 전달하게 된다.

셋째, 대치(substituting)의 관계이다. 비언어적 신호들(nonverbal signs)은 말로 전달하는 의미를 보충해 주는 기능도 가지고 있다. 어떤 사람과 만날 때에 어떤 일로 크게 실망하여 우울한 표정으로 대면할 경우, 상대방은 말하기 전에 이미 그 사람을 보는 순간 '지금 뭔가 아주 괴로운 일이 있나 보구나'라는 느낌을 전달해 주고 있는 것이다. 이처럼 비언어적 행위나 상태가 이미 언어적 행위 이전에 그의 심리를 대치해 주는 기능을 감당하고 있는 것이다.

넷째, 보충(complementing)의 관계이다. 비언어적 커뮤니케이션은 말로 전달되는 의미를 수정하거나 세밀히 설명해 주는 역할을 한다. 중국이나 한국 등과 같은 아시아권에서 유교 사상이 강한 문화권에서 학습을 받은 학생이, 학교 강단에서 교수가 행한 내용에 대해 반론이나 미숙한 점을 지적하려 할 때에는, 뭔가 자연스럽지 못하고 머리를 만지거나 하는 쑥스러움과 당황하는 모습이 자연스럽게 표현될 것이다.

그러한 비언어적인 모습을 통해 상대방에게 이미 예의에 좀 어긋난 듯한 질문일 수도 있다는 의미를 보충하여 전달하고 있는 것이다. 더불어 비록 예의에는 어긋날지라도 겸손한 마음으로 질문한다는 솔직한 모습을 전달하고 있는 것이다.

다섯째, 강조(accenting)의 관계이다. 비언어적 커뮤니케이션은 언어 메시지의 의미를 더욱 강조하는 기능을 가지고 있다. 만일 문자언어로 의사를 전달할 때에 중요한 부분에 밑줄을 긋거나 이탤릭체를 쓰는 것과 같은 효과를 가져온다. 가만히 정자세로 문자를 읽는 것보다는, 얼굴 표정과 머리와 손 동작 등을 적당히 조절하여 사용하면 언어적 커뮤니케이션의 의미를 더욱 명확하고 확실하게 강조하는 효과를 더할 수가 있다.

특히 복음을 전달할 때에 단순히 원고를 읽는 것과 같이 밋밋하게 읽어 내려간다면 청중들은 이미 주의력을 잃게 되며 분위기가 금세 산만해지기 쉽다. 그런데 때로는 중요한 사건에 대한 부분에서 음성의 고저와 강약, 몸동작을 적당히 조절하면 청중들의 반응은 더욱 효과적일 것이다. 예를 들어, 교사가 학생들의 그릇된 윤리나 생활습관을 교훈하려 할 때에는, 단순히 이론적인 것을 설명하기보다 적당한 손짓, 심각한 얼굴 표정 등은 강조의 효과를 충분히 더할 수 있을 것이다.

그뿐만 아니라 비언어적 신호는 또 다른 비언어적 신호를 강조하는 기능이 있다. 지금까지의 연구 결과에 의하면, 감정은 주로 얼굴 표정을 통해 나타나지만 그 감정의 정도를 명확하게 반영해 주는 것은 몸 전체라는 사실을 증거하고 있다.[48]

여섯째, 관계와 조정(relating and regulating)의 관계이다. 비언어적 행위는 사람들 상호간의 커뮤니케이션의 흐름, 즉 서로의 관계를 형성해 주고 조정하는 역할이나 기능을 한다. 타 문화권에서 언어로 의사소통을 할 때에 상대방이 고개를 끄덕인다거나 이리저리 두리번거리거나 자리에서 몸을 비틀고 있다면, 이러한 비언어적 태도들을 통해 의사소통이 제대로 되고 있는지 혹은 결렬현상이 일어나고 있는지를 감지하게 된다. 그래서 선교사는 비언어적인 태도를 유심히 살펴서 상황을 조정하여 관계를 만들어 가기도 하는데, 이것은 주로

---

48) *Ibid.*, p.11.

비언어적 피드백(nonverbal feedback)에 의존하기 때문이다.

교차문화 사역 면에서 볼 때에, 이러한 언어와 비언어적인 기능을 유의 깊게 살펴서 의사소통하는 것이 아주 중요한 관건이 된다. 선교를 타 문화권에서 일어나는 복음 커뮤니케이션의 전 과정으로 이해해 본다면, 우선 현지 문화에 따른 언어와 비언어적 행동양식이 내포하고 있는 의미들에 대한 사전 이해와 연구가 필수적이다. 선교사의 자문화 중심주의(ethnocentrism)에 입각해서는 결코 효과적인 선교 커뮤니케이션 사역을 이룰 수 없다. 만일 단순한 현지 언어만을 익혀 현지 언어로 번역된 복음적 내용들을 중심으로 커뮤니케이션을 추구할 경우 진정한 복음의 의미가 바르게 전달되기 어려우며, 더불어 그들과의 진정한 교차문화적인 의사소통이 이루어질 수 없다.

이런 현상은 20세기 초반까지만 해도 선교지에서 수없이 일어났다. 타 문화권과 관련한 선교 커뮤니케이션에 대한 학문적 이해와 실천이 일천했던 시기에 자칫 자문화 중심주의에 빠진 서구 선교사들은, 자신들의 문화가 현지인의 문화보다 우수하다는 편견을 가지고 복음으로 위장된 선교사의 문화양식을 소개하거나, 선교사 문화로 상황화된 복음적 내용을 그대로 현지 문화에 이식시키려는 것을 선교 사역으로 오해한 적이 많았다.

문화와 관련한 총체적 커뮤니케이션에 대한 몰이해로 발생되는 부정적인 결과에 대한 경종으로, 현지인과의 효과적인 선교 커뮤니케이션을 위해서는 언어적 전달만이 아니라 수신자의 문화를 알고 접근해야 할 것임을 처음으로 주장한 학자가 있었는데, 그가 바로 유진 니다(Eugene Nida)이다. 과거에 수신자의 문화를 무시하고 전달자의 문화를 강제적으로 전달하는 것에 대한 일종의 경고를 보낸 것이다.

  그는 커뮤니케이션에 있어서 전달자(sender)와 수신자(receptor), 그리고 메시지(message)의 삼중 커뮤니케이션의 중요성[49]을 밝힌 최초의 학자였다. 무엇보다도 현지인이 성경을 해석할 때에, 단어 하나하나에 복음의 메시지 자체와 더불어 복음 전달자의 문화가 담겨 있는 어휘 혹은 형식(form)만이 아니라, 타 문화권 수신자가 이해할 수 있는 의미(meaning)로 기록된 성경이 있어야 복음 전달자와 타 문화권 수신자 사이에 효과적인 복음 커뮤니케이션이 일어날 것임을 강조했다.

  이에 니다(Nida)는 '언어학적 접근'으로 전달자와 수신자 간에 효과적인 커뮤니케이션을 일으키는 데 큰 공헌을 했으며, 특히 언어와 함께 신호, 상징과 기호 등을 통한 비언어적 의미 전달에 대한 심층적인 연구[50]에도 기여했다.

  이후 니다(Nida)를 계승한 찰스 크래프트(Charles H. Kraft)는 나이지리아의 선교 경험을 배경으로 '수신자 중심의 커뮤니케이션' 이론을 집대성한 학자이다. 니다와 크래프트는 둘 다 수신자의 문화를 수용해야 한다는 학자들로, 타 문화권 커뮤니케이션에 있어서도 수신자 중심의 커뮤니케이션의 소중함을 일깨워 주는 데 큰 기여를 했다. 무엇보다도 크래프트 박사는 수신자 중심의 커뮤니케이션을 효과적으로 하기 위해서는, 현지인이 이해할 수 있는 언어로 성경을 번역해야 하고, 교회를 세울 때도 현지인의 문화를 고려하여 예배 형

---

49) Eugene A. Nida,《메시지와 선교-커뮤니케이션과 신앙》(Message and Mission), 채은수 역, 서울: 새로움 말씀사, 1985, pp.1-2.
50) Ibid., pp.72-107.

식이나 지도자를 세우는 것이 중요하다는 '역동적 등가법칙'(dynamic equivalence) 이론을 주장했다.[51]

오늘날 상황화의 중심이 되는 '역동적 등가법칙'의 번역이라든가, '역동적 등가법칙 교회'라는 용어가 등장한 것이 크래프트 박사의 영향이라 할 수 있다.

하지만 20세기 중반 이후 문화와 종교의 다원주의 시대를 맞이하면서, 일방적으로 수신자 중심의 커뮤니케이션만을 중시하게 되면 자칫 성경적인 복음 진리의 메시지를 왜곡하는 혼합주의(syncretism)에 빠질 수 있다는 우려의 목소리가 흘러나오기 시작했다. 복음의 본질은 유지하되 이 복음의 본질이 어떻게 타 문화권 수신자에게 전달되느냐가 복음 커뮤니케이션의 최고의 관건임을 고려할 때에, 복음 전달자는 수신자의 세계관, 인식 과정, 언어 형식, 행동양식, 사회구조, 매체 영향, 결단 방법을 먼저 심도 있게 연구한 뒤 접근해야 둘 사이의 문화 간격을 줄이고, 나아가 효과적인 커뮤니케이션을 일으킬 수 있음을 데이비드 헤셀그레이브(David J. Hesselgrave) 박사가 주장하였다. 이와 같은 그의 시각을 가장 적절하게 대변한 그의 대표적인 저술이 《Communicating Christ Cross-Culturally》[52]이다.

앞서 '언어학적 접근'을 시도한 니다와 크래프트와는 달리 헤셀그레이브 박사는 소위 '사회과학적인 인식론적 접근'으로 타문화권 커뮤니케이션의 폭을 넓히는 데 큰 기여를 했다. 더불어 언어적인 형식을 통한 커뮤니케이션의 방식은 물론 사회과학 이론에 근거한 행동양식을 통한 비언어적 영역을 선교 커뮤니케이션에 도입한 중요한 업적을 낳았다. 특히 그는 선교 커뮤니케이션 영역 가운데 특별

---

51) Charles H. Kraft, *Christianity in Culture*, Maryknoll, N.Y.: Orbis Books, 1979.
52) David J. Hesselgrave, *op. cit.*

히 행동양식과 그 실행의 방법으로 소개한 여러 가지 다양한 측면들 가운데 비언어적 커뮤니케이션의 유형들을 비교, 연구하여 소개함으로 효과적인 복음 커뮤니케이션에 도움을 주고 있다.

교차문화 간의 전체적인 의사소통(total communication)은 언어적 커뮤니케이션(verbal communication)과 비언어적 커뮤니케이션(non-verbal communication)이 상호간에 연관이 되어 있기에 단순한 언어 전달에만 치중하면 진정한 복음 커뮤니케이션을 이룰 수 없게 된다. 그러므로 진정한 복음 커뮤니케이션을 이루기 위해서는 언어와 관련하는 비언어적인 요소들에 대한 상호간의 유사성과 차이성에 대한 이해가 필수적이라는 사실이다.

언어 커뮤니케이션과 비언어 커뮤니케이션의 비슷한 점은 모두 문화적으로 함의된 상징을 사용한다는 점이며, 우리가 사용하는 언어나 비언어는 모두 서로 합의된 의미를 함축하고 있다는 점이다. 서로 사랑하고 좋아하는 사람들은 서로에 대해 언어적으로도 표현할 뿐 아니라 서로 따스한 모습으로 대하며, 문화권마다 차이는 있지만 서로의 대한 반가움이나 사랑의 표시를 하게 된다.

반면에 사랑을 표시하며 전달하는 방식에 있어서 문화 간에 전혀 다른 모습일 수도 있다. 그러므로 온전한 교차문화 커뮤니케이션을 위해서는 다양한 문화를 배경으로 발생되어 온 비언어적 양식들에 대한 이해와 연구가 필수적이라 말할 수 있다. 이 점은 제3장에서 좀 더 구체적으로 다루게 될 것이다.

2.
비언어적 커뮤니케이션의 일반적 특징

일반적으로 언어는 의미를 전달하는 데 가장 유용한 도구로 알려져 왔다. 희랍의 철학자 아리스토틀(Aristotle)은 말의 유용성을 말하면서 언어는 감각적인 상징인데 참 대상물의 영상 이상의 것이라고 보았고, 실제 세계를 표현하는 데 믿을 만한 기호라고 하였다. 그러나 그는 언어의 논리만 중요시하고 내면의 상태는 무시하였기 때문에 종종 흑백논리자라는 말을 듣기도 하였다.

반면에 플라토(Plato)는 언어란 감각적인 대상을 표현하는 상징으로 실제 세계에 대한 희미한 반사에 지나지 않는다고 하면서 언어의 불투명성을 지적하였는데, 즉 말이라는 것은 종종 듣는 자에 따라 다르게 전달될 수 있음을 말하였다.[53]

---

53) *Ibid.*, p.39.

나아가 윌리엄스(Williams)는 언어가 담고 있는 의미를 세 가지로 구별하면서 언어의 불투명성을 명확하게 지적하였다.[54]

첫째로, 외연적인 의미(denotative meaning)이다. 이것은 물체적인 실체를 표현하는 의미인데, 때론 보는 입장에 따라 불명확하고 모호할 수 있다.

둘째는, 함의적인 의미(connotative meaning)인데, 그것은 사회적으로나 인간관계 중심적으로 함의되어 있는 의미이다. 이 역시 사회적으로 다른 신분이나 인간적인 교제가 없는 관계에서는 의미가 달라질 수 있다는 말이다.

셋째는, 구조적인 의미(constructive meaning)이다. 이것은 단어 하나만을 가지고 의미를 파악하기보다는 문장 전체 혹은 앞뒤 단락의 상호 연관적인 배경을 통해 이해해야 정확한 의미 전달이 된다는 것이다.

이처럼 언어가 가장 완벽한 의미 전달의 수단인 것처럼 인식되어 왔으나, 그 의미들에 대한 이해의 측면에서는 다양한 맥락이 존재하므로 때론 언어 자체가 가지고 있는 불명확성 혹은 모호함이 상존하게 된다.

이처럼 커뮤니케이션이 언어를 중심으로 이루어지는 것으로 생각하였기에, 언어의 모호함뿐만 아니라 비언어적 기능의 중요성에 대해 간과해 온 것이 사실이다. 비언어적 커뮤니케이션을 연구하는 학자들은 그들 나름대로 독자적인 커뮤니케이션의 정의를 내려 왔다. 이들 학자들은 커뮤니케이션이 어떤 목적성이나 의도성을 지녀야 한다는 정의에 가장 심한 반발을 보이고 있다. 그들의 주장에 따르

---

54) *Ibid*.

면, 커뮤니케이션은 언어로써 자신의 의도하는 바를 전달하려는 측면이 가능하지만, 반면에 비언어적 요소들을 통해 자신도 모르는 사이에 이미 여러 의미들이 전달되고 있다는 것이다. 그러므로 언어적 측면은 의도성을 내포하지만, 비언어적인 요소들은 의도성이 아니라 문화현상에 따른 자연적인 발생이라는 것이다. 그런 의미에서 총체적 커뮤니케이션은 의도성이나 목적성보다 자연적 전달성이 더욱 강조되어야 한다. 그래서 몇몇 학자들은 전체 커뮤니케이션에서 언어적인 측면은 빙산의 일각에 불과하므로 비언어적인 측면이 진정한 커뮤니케이션 요소라고 주장하기도 한다. 예를 들어, 레이 버드휘스텔(Ray L. Birdwhistell)은 '비언어적'(nonverbal)이라는 말과 '커뮤니케이션'이란 용어가 함께 쓰일 수 없다고까지 주장하기도 한다.[55] 그 이유는 이미 커뮤니케이션(communication)의 다양한 경로 현상(multi-channel phenomena) 안에는 비언어적 요소들이 비의도적으로 섞여 있기 때문이다.

결국 비언어적 커뮤니케이션을 언어적인 것과 분리시켜 비교한다는 것은 마치 심장의 기능을 무시한 채로 생리학을 연구하는 것만큼이나 어리석은 것이라고 말할 수 있을 것이다. 전체 커뮤니케이션에 있어서 비언어적 요소가 그만큼 비중을 크게 차지하고 있다는 반증인 셈이다.

사람과 사람 사이의 인간관계에서 주로 언어적인 것보다 비언어적인 것이 신뢰성에 있어서 훨씬 더 유효하다고 볼 수 있다. 왜냐하면 언어는 상대방에게 인위적인 조작이 가능하지만, 비언어적 커뮤

---

[55] 이렇게 주장하는 대표적인 학자가 Ray L. Birthwhistell이다. Randall P. Harrison, *Nonverbal Behavior: An Approach to Human Communication*, in *Approaches to Human Communication*, Richard W. Budd and Brent D.Ruben, ed., New York: Spartan Books, Hayden Book Co., 1972, pp.255-256에서 재인용.

니케이션은 기만이나 왜곡, 혼동이 없이 있는 그대로의 의미나 의도가 전달되기 때문이다. 예를 들어, 예수 그리스도의 동정녀 탄생이나 예수 그리스도의 육체 부활을 믿지 않는 어떤 자유주의 신학을 공부한 진보적인 선교사가 "나는 예수님이 동정녀 마리아에게서 탄생하셨음을 굳게 믿습니다"라고 전달하면서도 그의 얼굴은 확신에 차 있지 않고 단순한 정보만을 전달하는 듯한 모습에서는, 진정한 예수 그리스도의 성육신적 복음 커뮤니케이션의 의미가 바로 전달되지 못할 우려가 크다는 것이다. 실제로 머리를 좌우로 흔들면서 이 사실을 설명하고 있었다고 한다면, 언어적인 것보다 비언어적인 모습을 통해 언어 메시지를 상실시키는 결과를 초래하기 쉽다는 것이다.

최윤희는 언어 커뮤니케이션과 비언어 커뮤니케이션의 유사점으로, 둘 다 문화적으로 함의된 상징을 사용한다는 점과, 각 개인이 필요에 의해 만들어 내기에 언어나 비언어 커뮤니케이션은 주관적이며 개인적이라는 점과, 두 시스템에서 우리가 만들어 낸 상징에 남들이 의미를 부여한다는 점을 꼽으면서, 유사점과 차이점을 다음과 같이 다섯 가지로 요약하고 있다.[56]

① 구조적/비구조적

언어 커뮤니케이션은 고도로 구조화되어 있으며 문법 체계를 갖고 있는 반면에 비언어 커뮤니케이션은 공식적인 구조를 가지고 있지 않다는 것이다. 그러므로 비언어 커뮤니케이션은 주로 무의식적으로 발생한다는 것이다. 따라서 비언어 메시지를 정확히 이해

---

56) 최윤희, *op. cit.*, p.14

하려면 모든 가용한 단서(cues)를 주의 깊게 살펴야 한다고 역설한다.

② 언어학적/비언어학적

언어 커뮤니케이션은 우리가 자의적으로 의미를 부여하는 상징의 체계로 되어 있는 반면, 비언어 커뮤니케이션은 구체적인 구조가 없기 때문에 그 체계에 부여된 상징은 거의 없다. 어떤 문화권에서는 머리를 끄덕이는 행위가 동의를 지칭하는 반면 어떤 문화권에서는 불일치를 나타내기도 한다.

③ 지속적/비지속적

언어 커뮤니케이션은 따로 따로 떨어진 단위에 바탕을 두는 반면, 비언어 커뮤니케이션은 지속적이다. 단어와 상징은 시작하고 끝맺는 점(points)이 분명하지만, 비언어 메시지는 좀처럼 끊어지지 않고 지속적인 특징을 가지고 있다. 예를 들어, 열띤 논쟁을 한 후에 더 이상 말은 없지만 차가운 응시, 화난 얼굴, 긴장한 모습, 꼿꼿한 자세는 의견의 불일치가(적어도 비언어적으로) 해결되려면 아직 멀었다는 점을 암시한다.

④ 학습된/선천적인

각 개인이 비언어적인 본능을 가지고 태어나지만, 반면에 언어 커뮤니케이션은 학습을 통해서 습득이 된다. 갓난아이는 웃음을 가르쳐 주지 않아도 행복할 때에 만족감을 표시하는 미소를 지으며, 몸이 불편할 때에 찡그리며 운다거나 온몸으로 불편한 기색을 나타내기도 한다. 이처럼 비언어적 행위는 선천적인 혹은 본능적인 것이며, 언어는 학습되는 것임을 말해 준다.

외국에 여행 중인 관광객을 관찰해 보면 처음에는 주로 현지 언어를 사용해 보려고 노력하지만, 잘 통하지 않을 때에는 주로 손짓,

발짓 등을 통한 비언어로 의사소통을 가능케 하고 있음을 발견하게 된다. 결국 언어는 각 문화권마다 각자의 언어를 학습함으로 가능해지지만, 비언어적 행위는 세계 보편적인 것으로 서로 인식하고 있다는 증거이다. 즉 언어는 습득된 것이지만, 비언어는 생득적이라는 점이다.

⑤ 왼쪽 뇌/오른쪽 뇌 처리 과정

신경생리학적 측면에서 보면, 은유적이고 감정을 주로 표현하는 비언어 커뮤니케이션은 주로 오른쪽 뇌에서 처리되며, 반대로 분석적이고 논리적인 일과 관련된 대부분의 언어 자극은 뇌의 왼쪽 반구체에서 처리된다는 것을 설명한다.[57]

이처럼 언어 커뮤니케이션과 비언어 커뮤니케이션의 특징들이 상존함에도 불구하고, 어질(Argyle)은 비언어적인 커뮤니케이션 행위의 기능을 감정의 표현, 태도 표현(좋아함/싫어함, 지배/종속 등), 개성 표현, 대화 순서 반응, 주목을 끌기 위한 행동 등으로 구분한다.[58] 특히 비언어적인 그 어떤 행위도 단독으로 수행할 수 있는 것은 없으며, 언어적 단서를 사용하여 감정과 태도를 표현하게 되고, 특정 방식으로 우리 자신을 나타내 보이기도 하며, 상호작용을 통해 조절할 수도 있기에, 언어 행위나 비언어 행위이거나 어느 한쪽이 단독으로 드러낼 수 없다는 것을 의미하기도 한다. 다시 말하면, 전체 커뮤니케이션에서 언어적인 것과 비언어적인 것은 분리되기보다 종합적으로 이

---

57) Anderson, P. et. al., "Implications of a Neurophysiological Approach for the Study of Nonverbal Communication", *Human Communication Research 6*, 1979, pp.72-89. 최윤희, *op. cit.*, p.17에서 재인용.

58) Mark L. Knapp & Judith A. Hall, 《비언어 커뮤니케이션》(*nonverbal Communication in Human Interaction*), 최양호 외 2인 역, 서울: 커뮤니케이션북스㈜, 2012, p.15.

해되어야 한다는 것이다.

또한 동일한 비언어적 행위라 할지라도 상황에 따라 다양한 의미들을 전달하는 특징이 있다. 예를 들면, 바닥을 내려다보는 행위가 어떤 측면에서는 슬퍼하거나 낙심하는 경우일 수 있고, 다른 상황에서는 상대방에 대한 굴종 혹은 복종의 의미일 수도 있고, 또 어떤 상황에서는 상대방의 태도에 대한 무관심의 표현을 의미할 수도 있다. 그런 면에서 메라비언(Mehrabian)은 비언어적 행위와 관련한 세 가지 차원을 구분하고 있다.[59]

① 친밀성(intimacy): 우리는 어떤 대상물에 대해 긍정/부정, 좋음/나쁨, 좋아함/싫어함 등의 평가를 통해 반응하기도 한다.
② 지위(status): 우리는 강함/약함, 상사/부하 등 다양한 형태의 신분을 구분하여 반응하기도 한다.
③ 반응성(responsiveness): 우리는 어떤 행동의 느림/빠름, 능동/수동 등을 인지할 수 있다.

주로 몸은 비언어적 영역의 가장 중요한 부분을 차지하는데, 신체의 변화는 마음의 상태와 밀접하게 관계가 되어 있다는 사실이 연구 결과들을 통해 입증되고 있다. 우리 몸은 행복감을 느낄 때 가장 활성화되고, 우울감을 느낄 때 가장 무기력해지는 것으로 나타났다. 그래서 잠언 기자도 "마음의 즐거움은 얼굴을 빛나게 하여도"(잠 15:13, 한글개역)라고 했고, "비록 아이라도 그 동작으로 자기의 품행의 청결하며 정직한 여부를 나타내느니라"(잠 20:11, 한글개역) 했으며, 전

---

[59] Mehrabian, A., A Semantic space for nonverbal behavior. *Journal of Consulting and Clinical Psychology*, 35, 1970, pp.248-257. 마크 냅, *op.cit.*, p.16에서 재인용.

도서 기자도 "사람의 지혜는 그 사람의 얼굴에 광채가 나게 하나니 그 얼굴의 사나운 것이 변하느니라"(전 8:1, 한글개역)고 했다.

핀란드 알토 대학교(Alto University) 연구진은 서유럽인과 동양인 701명을 대상으로 실시한 신체 자가점검 실험을 통해, 감정이 몸에서 실제로 어떻게 느껴지는지를 보여주는 연구 결과를 최근에 발표했다.[60]

연구진에 따르면, 인간의 감정은 보편적으로 심리적, 신체적 상태를 조절해 자신이 맞닥뜨린 환경에 대처하도록 하기에, 이에 따라 우리는 감정에 따른 신체 변화를 감지하게 된다는 것이다. 예컨대 걱정(anxiety)을 하면 가슴에 고통을 느낄 수 있으며, 사랑에 빠지면 몸이 따뜻해지는 느낌을 가질 수 있다. 연구진이 작성한 인체 감정 지형도(도표 3.2.1)를 보면, 대부분의 감정이 강한 신체적 지각을 유발하는 것으로 나타났다.

---

[60] 2014년 1월 4일 〈한겨레신문〉 인터넷판. http://www.hani.co.kr/arti/society/health/618341.html?_fr=mt2. 이번 연구에는 핀란드, 스웨덴, 대만인 701명이 참가했다. 연구진은 참가자들에게 각각의 감정을 유도하는 단어, 이야기, 영상, 다른 사람의 표정 등을 보여준 뒤 참가자들로 하여금 활성이 증가되거나 감소된다고 느끼는 신체 영역을 스스로 색칠하게 했다. 이번 연구 결과는 학술지 〈미 국립과학원회보〉(PNAS) 12월 31일자 온라인판에 실렸다.

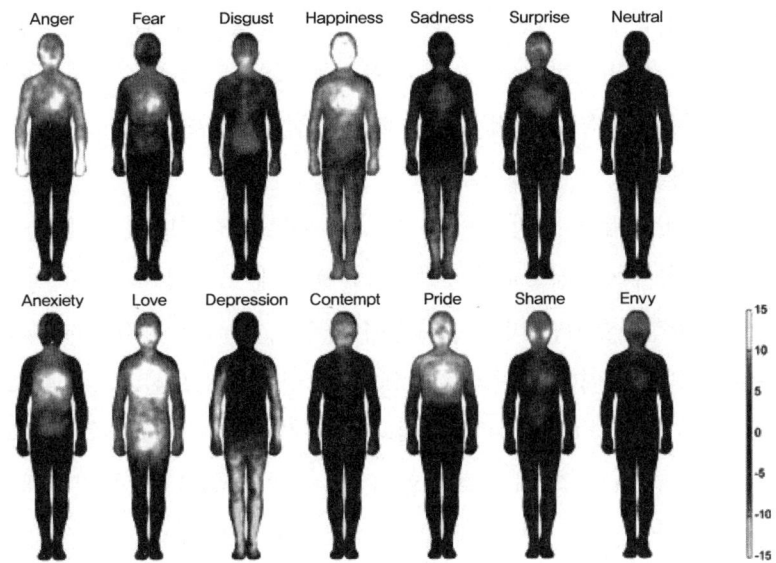

〈도표 3.2.1〉 인체 감정 지형도[61]

그런데 머리부터 발끝까지 온몸을 가장 활성화하는 감정은 행복감(happiness)이었다. 그래서 대부분 행복한 감정을 품게 되면 자연스럽게 몸이 유연해지고 활발해지는 것이다. 사랑(love)의 감정 역시, 종아리 아래쪽을 제외한 온몸의 감각기관들을 활성화시켰다. 우리는 뭔가에 화(anger)가 나거나 무서움(fear)을 느낄 때 평소보다 심장이 더 크게 뛰거나 호흡이 가빠지는 듯한 경험을 흔히 한다. 실제로 이번 실험 결과, 분노(anger)와 두려움(fear)은 가슴 윗부분을 자극하는 것으로 나타났다.

특히 화가 난 경우에는 팔과 손 부위가 강하게 활성화했다. 그래

---

61) Ibid., 감정에 따른 몸의 활성화 정도를 보여주는 인체 감정 지형도인데, 붉은색이 활성화 부위이며, 파란색이 비활성화 부위이다.

서 극도의 분노가 치밀어 오를 때에 손으로 물건을 집어 던지거나 발로 기물을 파괴하는 행동이 이어지는 것을 쉽게 발견하게 된다. 이는 상황에 신속한 대처가 가능하도록 감정이 신체를 조절하고 있음을 보여준다.

반면 서로 다른 신체 반응을 동시에 부르는 감정도 있었다. 슬픔(sadness)과 수치심(shame)을 느끼거나 뭔가에 놀랐을(surprise) 경우, 상체는 활성화했지만 하체는 기운이 빠졌다. 특히 우울감(depression)은 온몸을 무기력하게 만드는 것으로 나타났다. 혐오감(disgust)을 느낄 때, 우리는 흔히 '속이 메스껍다'는 표현을 쓴다. 실험 참가자들 역시 혐오감을 느낄 때 소화기관이 있는 배 부위가 특히 민감해졌다. 이 대학의 라우리 넘멘마 부교수는, 신체 변화에 대한 자각은 다시 해당 감정의 느낌을 더 자극할 수 있다고 설명했다.

이번 연구 결과, 각 감정별 신체 변화의 유형은 동양인과 서양인을 불문하고 일치했다. 이는 감정과 그에 상응하는 신체감각 유형에, 인간 전체에 통용되는 생물학적 근거가 있음을 뜻하는 것으로 연구진은 풀이했다. 이번 연구 결과는 감정이 몸에 어떤 기능을 하는지 이해하는 데 아주 중요한 자료를 제공해 줄 뿐 아니라, 정서적 장애를 진단하고 처방하는 데도 도움이 될 것으로 기대할 수 있다. 특히 교차문화권에서 사역하는 선교사들이 현지인들의 비언어적 의사소통 가운데 가장 광범위하게 적용되는 신체언어를 통한 감정상태를 이해하는 데 있어서 중요한 단서를 제공하고 있다는 점이다.

또한 비언어적 행위는 문화적 차원으로 볼 때, 고맥락 혹은 저맥락 문화(high contextual or law contextual culture)에 따라 약간의 차이가 있지만, 실제로는 다양한 상이점을 갖고 있음이 지금까지의 여러 관련 연구들을 통해 지속적으로 확인되었다. 이점에 대해서는 4장에서 구체적으로 살펴보려고 한다.

또한 언어와 마찬가지로 비언어 신호 역시 하나의 동일한 고정된 의미를 전달하지 않기 때문에, 사회적 상황에서 특정 행위의 의미를 파악하기 위해서는 문화적 배경과 관련된 맥락(context)을 이해할 필요가 있다. 예컨대, 사람을 처음 대하는 경우, 상대방을 빤히 응시하는 것이 아시아권에서는 때로 무례한 태도로 오인될 수도 있으나 서구권에서는 오히려 지대한 관심의 표현일 수도 있다.

비언어 행위에는 인위적으로 통제하기 쉬운 행위도 있고 반면에 통제하기 어려운 행위도 있다. 그러나 문명화될수록 순간적인 통제 능력이 강하게 나타나는 경우는 있지만, 시간이 흐를수록 언어보다는 비언어적 행위가 인위적인 통제력보다는 자연스럽게 유출되는 경향이 강하다고 볼 수 있다. 물론 이러한 경향들에 대해서는 문화 간의 관계에서 좀 더 자세히 다루어질 것이다.

에크만(P. Ekman)은 비언어적 행위를 '전달적인'(communicative) 것과 '정보적인'(informative) 것으로 나누어 구분하고 있다. 전달적인 비언어들은 일반적인 메시지를 지니고 있는 것임에 반해, 정보적인 비언어들은 오직 정신과 의사처럼 관찰력과 예민한 사람만이 판독할 수 있는 미세한 의미를 담고 있다고 분석한다.[62] 그러므로 미리 의도된 것이 아니거나 상대방이 파악하지 못하는 의미들은 '전달적'이거나 '정보적'인 것으로 간주할 수 없다고 여긴다.

이런 측면에서 랜들 해리슨(Randall P. Harrison)은 언어적 측면만을 강조하고 있는 커뮤니케이션의 정의는 적당치 못하다고 했다.[63] 더불어 커뮤니케이션의 정의에 쓰이고 있는 '의도성'(intentionality)과 '목

---

62) *Ibid.*
63) *Ibid.*

적성'(purposefulness), '인식'(awareness) 등과 같은 용어는 새로운 관점에서 재검토해야 하며, 커뮤니케이션의 여러 측면에, 예를 들어 사유적인 것, 감정적인 것, 선천적인 지혜와 후천적인 지식, 설교 내용과 인간관계에 대한 메시지 같은 면들에 대해 통합적 관심을 가져야 한다고 역설하고 있다.[64]

이러한 여러 가지 특징들을 종합하여 조셉 대비토(Joseph A. Devito)는 요약하기를, 비언어적 커뮤니케이션은 다분히 전달적(communicative)이고, 상황적(contextual)이며, 신뢰할 만하고(believable), 포괄적(packaged)이고, 순수 커뮤니케이션(meta-communicational)이라고 하였다.[65]

이러한 측면을 고려하여 언어와 비언어적 커뮤니케이션을 점차 통합적으로 분석하려는 움직임을 보이고 있는 것이 사실이다. 통합적 측면에서의 연구는 인간 커뮤니케이션을 거시적 차원에서 연구한다는 의미에서 바람직한 방향이라고 볼 수 있다. 이에 대해 마크 냅(Mark Knapp)은 비언어 연구가 다음과 같은 방향으로 나아가고 있음을 지적하고 있다.[66]

- 비상호작용(noninteractive) 연구 → 상호작용(interactive) 연구
- 일인(one person) 연구 → 양자(both interactants) 연구
- 횡단 연구 → 종단 연구
- 단일 행위 연구 → 복합 행위 연구
- 일 방향 비언어 신호 지각 → 양방향 비언어 신호 지각

---

64) Ibid.
65) Joseph A. Devito, *Communicology: An Introduction to the Study of Communication*, New York: Haper and Low Publishers, 1978, pp.185-193.
66) 마크 냅, 《비언어 커뮤니케이션》, p.28-29.

- 비언어 행위 발생 빈도와 시간 측정 방법 → 비언어 행위 관련 쟁점 측정 방법
- 가외변인을 제외한 맥락(context) 통제 → 가외변인을 포함한 맥락 통제
- 면대면 상황에서의 비언어 행위 역할 연구 → CMC(Computer Medicated Communication) 상황에서의 비언어 행위 역할 연구
- 낯선 사람 상호작용 연구 → 친한 사람 상호작용 연구
- 문화(culture) 또는 생태(biology)라는 개별 연구 → 문화와 생태를 동시에 아우르는 연구

그러므로 필자는 이와 같은 문헌 고찰로 모든 비언어 관련 연구를 포괄적으로 설명할 수는 없지만, 가장 보편적이고 특징적인 비언어 행위 연구를 다양한 문화적인 관점에서 선별하여 비교하며 교차문화적 측면에서 소개하고자 한다.

3.
비언어적 커뮤니케이션과 문화적 상황

각 문화권마다 다르게 혹은 일치하는 듯한 비언어적 행위는 문화적 환경과 어떤 연관을 맺고 있는 것일까? 비언어적 행위나 신호들이 준거집단의 단순한 습관적 행위의 축적물인가? 그렇다면 비언어적 행위나 신호와 관련해 문화란 어떤 의미가 있는가? 비언어적 커뮤니케이션이 문화적 산물이라는 전제하에 그 연관성을 살펴보기로 한다.

하나님께서 인간을 다른 피조물과는 달리 '하나님의 형상'으로 창조하시고(창 1:26), 그들에게 복을 주시어 생육하고 번성하여 땅에 충만하며 땅을 정복하며 다스리도록 명하신(창 1:28) 것을 우리는 인간을 향한 하나님의 '문화적 명령'(cultural mandate)[67]이라 부를 수 있

---

(67) 데이비드 헤셀그레이브, 《선교 커뮤니케이션론》(*Communicating Christ Cross-Culturally* 2nd ed.), 서울: 생명의 말씀사, 2008, p.118.

다. 그러기에 인간이 여타의 동물들과 다른 것은, 인간에게는 동물에게서 전혀 찾아볼 수 없는 문화적 생산 능력이 선험적으로 존재한다는 사실이다.[68] 그러므로 인간 행위와 문화는 불가분리의 관계이며, 문화가 생성 발전함은 인간의 자발적인 영역에서 나온다고 하겠다.[69] 다시 말하면, 문화란 인간 본질에 심어진 영적 충동(spiritual impulse)에 의해 산출되는 것이며, 영적 충동은 하나님께서 그의 형상대로 인류를 창조하신 인간 본성에 의한 것이며 자발적인 것이라고 볼 수 있다.[70]

오랫동안 문화 인류학자들에게 문화란 한 민족의 생활방식, 즉 그들이 습득한 행동양식, 태도, 물질적인 것을 총칭하는 것이었다. 스미스(Ebbi Smith)가 정의한 대로, "문화란 어떤 특정한 집단 내부에서 사회적으로 전달되는 인간의 학습과 축적된 경험의 총체성"을 뜻한다고 볼 수 있다.[71]

에드워드 홀(Edward T. Hall)에 의하면, 문화란 학습한 바의 행동의 모형, 태도, 물질의 총체이며, 다른 말로는 총체적인 인간의 일이요, 인간의 활동 자체라고 보았다.[72] 그러나 일반적인 의미에서는 이 견해에 동의한다 할지라도 문화의 정확한 실체에 대해서는 대부분의 인류학자들이 일치를 보지 못하고 있는 것 같다.

특히 서구 신학자들이 문화와 그리스도와의 상관관계를 이해함

---

68) 찰스 크래프트, 《기독교와 문화》(Christianity in Culture), 임윤택 외 1인 역, 서울: 기독교문서선교회, 2005, p.190.
69) 채은수, "문화적 측면에서 본 선교", 신학지남 제50권 2집, 1983, p.40.
70) Ibid., p.41.
71) Ebbie Smith, "Culture: The Milieu of Missions", in *Missiology: An Introduction to the Foundations, History, and Strategies of World Missions*, ed. By John Mark Terry, Ebbie Smith & Justice Anderson, Nashville: Broadman & Holman, 1998, p.261.
72) Edward T. Hall, *The Silent Language*, New York: Anchor Books/ Doubleday, 1981, p.31.

에 있어서 고전적인 기준이 된 리처드 니버(Richard Nibuhr)의 다섯 가지 범주에서, 필자는 복음의 본질적인 측면에서는 '문화의 변혁자 그리스도'(Christ transforming culture)의 입장을 지지한다. 더불어 인류역사 가운데에는 타락한 세속 문화와 충돌하는 그리스도, 세속 문화와 역설적인 그리스도의 모습도 등장하지만, 궁극적으로 이 세상 모든 문화는 그리스도 아래 복종되어야 하기에(고후 10:5), 선교사들은 직·간접적으로 이 과정에 참여하고 있는 것이다.

교차문화 간 커뮤니케이션은 문화와 언어, 비언어, 커뮤니케이션의 다의적 개념이 포함되어 그 개념을 정의하기란 쉽지 않다. 레리 사모어(Larry A. Samovar)와 리처드 포터(Richard E. Porter)는 교차문화 커뮤니케이션에 대해 정의하기를, "메시지 발신자와 수신자가 다른 문화 구성원일 때 발생하는 커뮤니케이션 행위로 문화적 인식과 상징체계가 상이한 구성원들 간의 상호작용이다"[73]라고 말한다. 이에 대해 게하트 말래츠케(G. Maletzke)는 간단하게 요약하기를, "문화를 달리하는 구성원들 간의 사고와 의미의 교환 과정"[74]이라고 하였으며, 프랜드 잔트(Fred E. Jandt)는 "다양한 문화 구성원들 사이의 대면(對面)적 상호 행위"[75]라고 하였다. 다시 말해 교차문화 간 커뮤니케이션은 "문화 배경이 다른 사회구성원들 간에 이루어지는 상징 체계의 상호 관계를 전제로 한 대인 커뮤니케이션 행위"라고 정의할 수

---

73) Larry A. Samovar & Richard E. Porter, *Communication Between Cultures*, Belmont, CA: Wadsworth, 2004, p.15.
74) Gerhard Maletzke, "Intercultural and International Communication", in H. D. Fisher and J. C. Merrill(eds.), *International & Intercultural Communication*, N.Y.: Hastings Publishers, 1976, p.409.
75) Fred E. Jandt, *Intercultural Communication*, Thousand Oaks: Sage Publication, 1998, p.36.

있다.

그런데 이러한 교차문화 커뮤니케이션은 1차원 메시지 회로인 언어적 요소와 2차원 메시지 회로인 비언어적 요소로 구성된다.[76] 언어의 외연적, 내연적 의미와 내용을 담은 행위가 '언어적 커뮤니케이션'이라면 '비언어 커뮤니케이션'은 언어적 요소에 의존하지 않는 손짓, 몸짓, 자세, 시선, 표정, 신체 접촉 등 모든 형태의 비언어적 기호와 관련된 커뮤니케이션을 일컫는다. 일반적으로 언어적 요소의 상호작용은 발음과 어의, 어휘, 문법, 어용, 문자 등이 문화 간 커뮤니케이션에 영향을 미친다.

반면 상이한 언어체계를 지닌 문화 간 커뮤니케이션에서는 상징적 기호체계인 손짓, 몸짓, 눈짓과 같은 신체언어는 물론, 공간, 시간 등의 비언어적 요소가 더욱 효과적인 커뮤니케이션 도구로 유용하기도 하다. 언어적 커뮤니케이션이 정보 전달에 효과적인 데 비해 비언어적 커뮤니케이션은 인간의 감정이나 느낌을 전달하는 데 보다 용이한 까닭이기 때문이다. 비언어의 신체동작은 무려 70만여 개가 넘을 정도로 광범위하며[77] 문화 간 커뮤니케이션 과정에서 언어를 반복, 상반, 보완, 강조, 대체, 규제하는 기능을 수행한다.[78]

비언어 동작 유형에는 어려서부터 자연스럽게 학습된 행위인 '적응 동작'과 언어를 대체하는 '상징 동작'을 비롯해 언어를 반복, 강조하는 '설명 동작,' 감정 상태를 표현하는 '감정표현 동작'이 있다. 또 대화의 시작과 끝을 알리거나 주제를 바꿀 때 의사소통의 상호작용

---

76) Adam Kendon, *Nonverbal Communication, Interaction, and Gesture: Selections from Semiotica*, The Hauge: Mouton Publishers, 1981, p.57.
77) Larry A. Samovar & Richard E. Porter, *op. cit.*, p.117.
78) 김우룡·장소원, 《비언어 커뮤니케이션》, 서울: 나남출판사, 2004, p.72.

을 조절하는 '조절 동작'으로 구분된다.[79]

더불어 문화 간 커뮤니케이션을 위한 어느 특정 국가나 민족의 특성을 파악하기 위해서는 각 문화 구성원에 의해 공유된 태도와 신념, 가치관의 집단적 표상으로서의 문화 연구의 준거의 틀인 문화적 차원을 고려하여야 한다. 이에 대해 호프스테드(G. Hofstede)는 문화적 차원으로 ① 개인주의와 집단주의 ② 불확실성 회피 정도 ③ 권력 거리 차이 ④ 남성성과 여성성으로 분류되어 직접적/간접적, 주관적/객관적, 형식적/비형식적, 수평적/수직적, 내향적/외향적 커뮤니케이션의 기준으로 활용해야 한다고 주장한다.[80]

또한 에드워드 홀(Edward. T. Hall)은 커뮤니케이션 과정에 영향을 미치는 맥락(context)을 기준으로 문화적 차원을 고맥락(high context)과 저맥락(low context) 커뮤케이션으로 이원화하고 있다.[81] 맥락(context)은 커뮤니케이션이 발생하는 언어적 표현과 상황, 배경이 갖는 물리적, 사회적 문화 환경을 일컫는다. 주로 아시아권을 중심으로 하는 고맥락(high context) 문화권의 커뮤니케이션은 언어보다는 비언어적인 상황과 배경을 중시하여 간접적이고 함축적인 의사 전달에 중점을 둠으로써 '눈치'와 '감'에 민감하게 반응한다.

이와는 달리 서구 중심의 저맥락(low context) 문화권의 커뮤니케이션은 직접적이고 명확한 언어 메시지를 중시한다. 이처럼 각 집단이 공유하는 문화가치 차원은 학습과 경험의 축적을 바탕으로 습득된

---

79) Mark L. Knapp, *Nonverbal Communication in Human Interaction*, N.Y.: Holt, Rinehart & Winstin Inc., 1972, pp.4-11.
80) Geert Hofstede, *Cultures and Organizations: Software of the Mind*, London: McGraw-Hill, 1991, p.162.
81) Edward T. Hall, *Beyond Culture*, N.Y.: Anchor Books/Doubleday, 1976, pp.85-128.

것이기에, 이러한 문화적 맥락을 잘 이해하면 보다 효과적이고 원활한 문화 간 커뮤니케이션을 수행할 수 있을 것이다.

그러나 상호 문화적 특성을 바탕으로 한 이해에도 불구하고 유사성 추구와 자민족 중심주의, 고정관념, 편견, 인종차별, 문화충격, 불확실성, 권력 등은 문화 간 커뮤니케이션의 장애 요소로 지적되기도 한다.[82]

그러므로 문화의 개념체계, 즉 세계관에 대한 인식은 커뮤니케이션에서 대단히 중요한 요소 중 하나이다. 그래서 일찍이 벌로(Berlo)는 "의미란 객체 외적인 것으로 거기에 존재하는 것이 아니라(exit out there) 인간 내부에 존재하는 것"으로 규정한다.[83] 인식의 문제는 철학사에서뿐만 아니라 기타 학문, 특히 커뮤니케이션에 있어서 대단히 중요한 주제가 되곤 하는데, 이는 각 문화권 안에 내포된 세계관이나 가치관이 언어뿐만 아니라 특히 비언어적인 요소에 깊이 내재되어 있기 때문이다. 또한 전달 과정에 결합된 의미들에 대한 인식과 이해가 없이는 결코 만족할 만한 의사전달이 불가능하기 때문이다.

그러므로 인식의 과정은 일방적인 것이 아닌 쌍방적인 과정이며, 인간이 환경 속에서 반응하는 동시에 환경에 대하여 반응하게 된다. 그러기에 인간은 환경을 구성함으로써 환경에 대한 특성과 가능성을 구성하게 되며, 인간에 의해 구성된 환경을 선택하며 해설함으로써 근본적으로는 하나님의 문화 창조 활동에 참여하게 되는 것이다.[84]

그러나 이러한 문화적 특수성은 문화와 역사 및 공간을 초월하

---

[82] Larry A. Samovar & Richard E. Poter, *op. cit.*, pp.283-300.
[83] David K. Berlo, *The Process of Communication*, New York: Holt, Rinehart and Winston, 1960, p.23.
[84] B.F. Jackson Jr., ed., *Communication-Learning for Churchmen*, Nashville: Abingdon Press, 1968, p.13.

는 비언어적 커뮤니케이션을 통하여 어느 정도 일반화가 가능하게 된다. 결국 인간은 그의 환경을 구성하고 조직화함에 비언어적 상징을 만들어 내고 사용하게 되는데, 이러한 상징은 인식의 전제가 된다. 그러므로 비언어적 의사소통은 그 문화권의 분석을 통해 비로소 이해가 가능하게 되는 것이다.

몸동작으로 의미를 전달하는, 이른바 신체언어(Kinesics-body language)를 연구하는 학자들은 교차문화권에서의 인간의 몸동작과 의미 전달의 관계에 대한 체계적인 연구를 해오고 있다. 예를 들어 미국 사람들은 상대방과 의견을 달리할 때에 콧잔등을 문지르는 버릇이 있음에 반하여, 한국 사람들은 답변이 궁색할 때에 귀밑머리를 긁는 버릇이 있다. 이것은 동일한 의미의 다른 몸동작인 것이다.

어떤 유사언어(para language)나 키네식스(kinesics) 현상은 극히 난해해서 이해할 수 없는 것이 있는가 하면, 어떤 것은 이해 가능해서 말과 함께 가르칠 수 있다. 특히 유사언어는 아주 미묘한 것이어서 그것을 이해하는 데에는 꽤 신중을 기해야 하는데, 가령 울음(weeping)은 어느 문화권에서든지 보통 같은 의미를 가지나, 웃음은 상황에 따라 미묘한 차이점을 가지고 있기에 신중하게 의미를 살피지 아니하면 심각한 오해를 가져오게 된다.

이와 같은 문화 간 비언어적 행위의 유사점과 상이점은 문화 간 교류를 통해 좀 더 수용적이며 좁혀질 수 있을 것이다. 이러한 면에서 문화인류학자 호머 바렛(Homer C. Barrett)은 한 문화가 새로운 문화를 수용하며 유입하는 조건으로 세 가지를 지적하고 있다.[85]

---

85) Homer C. Barrett, *Innovation: The Basis of Cultural Change*, New York: McGrow-Hill Book Co., 1953, p.378.

첫째, 새로운 사상이 기존의 사상체계보다 받아들이는 사람에게 더 흡족하게 정신적으로 충족을 시켜 줄 수 있을 때이다.

둘째, 새로운 문화를 외부로부터 받아들이려는 민족이 가지고 있는 생활 체험과 부분적으로나마 공감할 수 있거나 연결될 때이다.

셋째, 어떤 불만이 압도적으로 그 민족이나 사회의 구성원들을 사로잡을 때에 가능하다.

그러므로 교차문화 사역을 감당할 선교사가 현지 언어를 습득했다 할지라도, 언어 수행이 일어날 때 동시적으로 수반되는 비언어적 상호작용의 양식을 익히지 않고서는 진정한 의미의 커뮤니케이션이 이루어지지 않기 때문에, 문화수용적인 면에서 그 문화적 배경하에 있는 생활 체험은 결코 무시할 수 없다.

현지 문화와 생활 체험이 교차문화 커뮤니케이션을 형성한다고 볼 때, 비언어적 요소들에 대한 이해를 위해 현지 문화에 대한 세심한 연구는 가히 필수적이라 할 수 있다.

대부분의 한국 선교사들이 타 문화권에서 사역할 때는 많은 시간과 힘을 주로 언어 습득에 쏟고 있다. 그러나 언어 습득과 더불어 현지 문화와 생활습관에 대한 깊은 이해와 연구가 따르지 않으면, 언어 습득만을 가지고서는 진정한 커뮤니케이션을 이루지 못해 쉽게 문화 갈등 국면으로 빠지게 됨을 명심해야 할 것이다.

4.
비언어적 유형의 보편성과 특수성의 문제

그렇다면 이처럼 문화적 가치관이나 세계관의 차이에 따른 비언어적 양식들은 보편적인가, 아니면 상이한가를 다루어 보자.

이미 상기한 대로, 어떤 선교사가 다른 문화권에 들어가 선교 사역을 실시하기 위해 가장 먼저 염두에 두는 것은 현지 언어 훈련 과정일 것이다. 그러나 탁월한 언어 능력을 갖추었다 할지라도, 그 현지 문화권에서 원활한 커뮤니케이션을 이루기 위해서 그 사회에서 통용되는 문화양식에 따른 비언어적 행위들을 포함한 사회규범이나 전통들에 대한 이해가 없이는 원만한 관계를 이룰 수 없음을 이미 전장에서 살펴보았다.

그러므로 어떤 언어를 사용한다는 것은 그 언어를 구성하는 모든 심리적, 사회적, 문화적 속성을 그대로 포함하여 수용하는 것을 의미한다.[86] 에드워드 홀도 "의사소통이 문화요, 문화가 곧 의사소통이다"[87]라고 말하고 있는데, 이 말은 곧 문화와 언어의 밀접한 연관을 의미하는 바, 타 문화권을 수용하기 위해서는 곧 선교사 자신의 문화권과 타 문화권 안에 내재되어 있는 보편성과 특수성을 살피지 않으면 안 될 것이다.

어린아이들은 태어나면서부터 말과 더불어 각 문화권이 갖는 독특한 행동 양식이나 그 행동 양식이 가지고 있는 의미나 뉘앙스(nuance)를 무의식적으로 배우며 익히게 된다. 같은 언어라 하더라도 영국과 미국식 발음은 현저한 차이를 드러내듯이, 자세히 보면 영국 사람들이 다리를 꼬고 앉은 모습과 미국 사람들이 다리를 꼬고 앉아 있는 모습이 다르게 나타난다. 미국 사람들은 말을 끝맺음할 때마다 머리나 손을 밑으로 떨구고 눈꺼풀을 밑으로 내리는 경향을 보이고, 질문으로 끝나는 말에서는 턱을 쳐들거나 눈을 크게 뜨는 경향이 있으며, 미래를 나타내는 시제를 쓸 때에는 몸을 앞으로 하는 제스처를 쓰는 경향이 있다.[88]

어찌 보면 문화권마다 사용하는 비언어적인 양식들이 천차만별 같기도 하고 아무런 체계가 없는 것처럼 보인다. 하지만 최근 학자들의 연구 결과에 따르면, 비언어적 양식에도 언어와 같이 각 문화권 나름대로 하나의 체계를 형성하고 있음이 밝혀지고 있다.

감정을 드러내는 인간의 얼굴 표정은 어느 문화권에 살든지 거의 유사하다는 사실이 드러난다. 인간은 어느 문화권에 살든지 공포,

---

86) Hendrik Kraemer, 《그리스도 신앙의 커뮤니케이션》(*The Communication of the Faith*), 임춘갑 역, 서울: 종로서적, 1981, p.8.
87) Edward T. Hall, *op. cit.*, p.93.
88) Davis Flora, *How to Read Body Language*, in New College English, Seoul:The English Literary Society of Korea, 1973, p.65.

구역질, 분노, 행복에 대해 일으키는 신경 반응이 문화권에 따라 약간 다를 수 있지만 거의 유사하다는 것을 발견한다. 이것을 우리는 문화적 '보편성'이라 부를 수 있다. 폴 에크만(Paul Ekman)은 다양한 문화권에 사는 사람들의 희로애락의 표정을 찍은 사진들을 통해 그들의 감정과 표정이 의미하는 바를 연결하며 비교해 본 결과 문화권마다 거의 유사하다는 사실을 입증해 보였다.[89]

각 문화권마다 서로 다른 세계관을 반영하는 만큼, 이에 따른 비언어적인 의사소통 패턴도 다양해질 수 있다는 사실은 자명하다. 정적인 아시아 문화권보다는 동적인 서구 문화권에서 제스처를 훨씬 많이 쓰는 경향이 있으며, 전통적인 유교권이나 불교권에 있는 나라들은 테크놀로지가 발달된 서구 사람들에 비해 색채와 대상물을 훨씬 더 상징적인 방법으로 사용하는 것으로 알려지고 있다.

또한 같은 서구권이라 할지라도, 북미와 남미의 문화권의 차이에 따라 비언어적 제스처도 상이함을 알 수 있다. 한 예로, 언젠가 닉슨 대통령이 남미를 방문했을 때 공항에서 자신을 환영하는 이들을 향해 반가운 표시로 양손의 엄지와 검지를 오므려서 OK 사인을 보여주었다. 이것이 사진기자들에게 포착되어 다음날 신문에 그 사진이 올려졌는데, 이와 같은 OK 사인은 남미 문화권에서는 '우라질 놈'(screw you)이라는 상당히 부정적인 의미를 지닌 제스처였기에 많은 사람들이 적잖이 당황할 수밖에 없는 상황이 연출된 것이다. 이처럼 각 문화권마다 비언어적 행위나 기호는 획일적이지 않고 다양성이 존재한다는 사실을 숙지해야 한다.

---

[89] Paul Ekman, The Universal Smile: Face Muscles Talk Every Language, *Psychology Today*, Sep. 1975.

한국이나 일본, 중국 등 아시아 문화권에서는 처음 만나는 이들이나 자신보다 나이가 많든지 혹은 존경하는 손윗사람을 대할 때에 공손한 자세로 항상 상대방의 눈을 응시하거나 마주 대하기보다는 눈의 시선을 상대방의 눈높이보다 조금은 아래에 두게 된다. 그것을 상대방에 대한 예의를 갖춘 모습으로 이해한다.

그러나 만일 똑바로 꿰뚫어보거나 응시하면 상대방은 자신을 무시하거나 아니면 버릇없는 태도로 간주하게 된다. 한국말에서 '눈을 노려본다' 혹은 '쏘아본다'라는 표현들은 깊은 적대 감정의 표시나 부정적인 측면의 의미로 사용한다. 그래서 겉으로 드러나는 예의범절을 중요시하는 일본에서는 웃어른을 쳐다볼 때에는 정면으로 보지 말고 턱이나 넥타이 맨 곳쯤을 보라고 가르친다.[90]

이러한 다양성에도 불구하고 문화의 차이를 넘어 비언어 커뮤니케이션의 기본적인 메시지에는 공통점이 있음도 유의하여, 표면상으로 달리 보여도 실제로는 단지 피상적인 편차에 불과하므로, 문화권의 차이에서 오는 모든 가변성을 보면서 어떤 기본적 원칙이 각 상황에서 운영되는가를 파악하고, 그런 원칙이 각 문화권에서 동일한가 다른가를 규명해 나가야 할 것이다.

또한 한 문화권의 비언어적 커뮤니케이션은, 그 문화 또는 그 문화의 가치체계(value system)를 반영하는 것이기에, 어느 고립된 단편의 행동만을 떼어서 전체를 파악하려고 해서는 안 될 것이다. 사람들은 각기 그 행동에 국한하여 단편적으로 의미를 파악하려고 하는 경향이 있는 데 반하여, 비언어적 양식들은 오랜 문화적 가치체

---

[90] Larry A. Samovar and Richard E. Porter, eds. *Intercultural Communication: A Reader*, Belmont California: Wadsworth Publishing co. Inc., 1976, pp.240-259.

계의 산물임을 가정할 때 전체적인 문화적 상황과 당시 시대적 상황과의 관계 속에서 좀 더 주의 깊게 살피며 의미를 추구해 나가야 할 것이다.

결국 인간은 언어와 문화에 관계없이 개념적인 것, 즉 가치 기준이나 지적 이해도 또는 감정과 같은 정적 영역을 구분하는 데 있어서 모든 문화권은 똑같은 체계도(qualifying framework)[91]를 사용하고 있는 반면, 각 문화 나름대로의 독창적인 양식을 소유하고 있음을 간과해서는 안 된다. 그러기에 교차문화 커뮤니케이션을 위해서는 반드시 문화의 보편성과 특수성을 우선 파악 분석하는 것이 성공적인 비언어적 커뮤니케이션의 전제가 될 것이다.

로잔 언약에 따르면, 문화란 그 사회 구성원의 신념, 가치, 관습을 표현하며, 사회를 하나로 결속하고 거기에 정체성, 존엄성, 안전, 그리고 연속성을 제공하는 제도로 구성된 통합 시스템이기에,[92] 우리는 문화를 단순 명료하게 이해할 수 없다. 문화는 인류와 역사적 기반을 가지고 형성되기에, 문화 속에는 다양한 층이 구성되어 있다. 가장 표피를 형성하는 있는 층은 우리가 일상적으로 보여주는 행위(behavior)의 층이다.

그러나 더 깊이 들어가 보면, 이 행위를 유발하는 또 다른 층이

---

91) Charles E. Osgood, William H. May and Murray S. Miron, *Cross-Cultural Universals of Affective Meanings*, Chicago: University of Illinois, 1975. p.83. 미국 일리노이 대학의 인류학 교수 팀은 세계 문화와 언어 속에 담긴 의미론적 유사성(semantic similarities)을 광범위하게 다루고 있다. 세계의 언어들이 음운학적, 어휘적, 문법적인 면에서 갖는 피상적인 차이 때문에 서로 이해될 수 없는 것 같지만, 실상은 심층구조에 가서는 서로 이해가 가능한 유사성이 있다는 결론을 내리고 있다.
92) 로잔 세계복음화위원회(The Lausanne Committee for World Evangelization)의 윌로뱅크 보고서(Willowbank Report)에서, 1978.

있다. 그것은 가치들(Values)의 층이다. 이를테면, 아시아 문화권에서는 남존여비(男尊女卑) 사상이라든지, 혹은 남아선호(南阿選好) 사상 등을 엿볼 수 있다. 이러한 가치는 그 문화권이 간직하고 있는 어떠한 신념(beliefs)의 체계에서 나온다. 그래서 신념의 층이 있다. 이러한 신념은 진실과 거짓을 가르치는데, 예를 들어 많은 우상들에 대한 신념이 거짓임을 보여준다.

그런데 이러한 신념의 체계는 그 문화권이 간직하고 있는 세계관(worldview)에서 비롯된다. 그래서 이 세계관이 모든 문화의 핵심에 자리 잡고 있음을 알게 된다. 오랜 유교적 전통 속에서는 조상들에 대한 숭배가 자연스러운 문화로 형성되어 있다.

이에 다음 장에서는 성공적이고 효과적인 타 문화권 복음 커뮤니케이션을 위해, 비언어적 커뮤니케이션의 일반 원리에 대한 통문화적 이해(cross-cultural understanding)와 더불어, 비언어적 커뮤니케이션의 다양한 형태와 이에 따른 문화 간 유형들을 비교 분석하고자 한다.

4장

비언어적 커뮤니케이션의
다양한 유형들

비언어적 양식들은 문화적으로 다양하게 표현된다. 때론 동일한 비언어적 행위라 할지라도 문화권에서 다른 의미로 전달될 수 있다. 이미 살펴본 대로 각 문화권마다 공통의 비언어적 양식이 존재하는 반면, 전혀 다른 비언어적 양식이나 의미를 가져오는 경우도 있다.

비언어적 커뮤니케이션의 유형은 천편일률적으로 명확하게 정의를 내릴 수 없지만, 비언어적 영역으로 그의 기본 유형들을 구분해 보면 크게 다음과 같이 분류할 수 있다.

몸동작을 주로 다루는 신체언어(body language) 혹은 키네식스(kinesics, 신체언어학), 공간의 영역을 통해 의사가 전달되는 프락세믹스(proxemics, 공간언어학), 시간의 개념에 따른 크로네믹스(chronemics, 시간언어학), 음성의 고저와 장단, 웃음, 하품, 투덜거림 등 말소리가 아닌 유사언어(para language), 기타 신체적 외모(physical appearance)와 사물언어(object language) 등으로 구별할 수 있다.

1.
키네식스(Kinesics, 신체언어학)

키네식스(kinesics, 신체언어학)란 몸동작이나 얼굴 표정, 눈의 움직임이나 눈썹 치켜세우기, 어깨 으쓱하기, 오므린 입 등 몸의 자세 변화 등과 같은 신체언어(body language)를 중심으로 연구하는 학문적인 용어이다. 어떤 학자들은 키네식스를 얼굴, 눈의 동작 등과 구별하여 오직 몸통 부분의 움직임으로 구분하고 있으나, 보통은 신체적인 모든 부분의 움직임을 포함하고 있다. 특히 문화인류학자인 레이 버드휘스텔(Ray L. Birdwhistell)은 이러한 커뮤니케이션을 키네식스(Kinesics)라고 하였는데, 전체 커뮤니케이션 가운데 얼굴 표정이 55%, 음성의 강도가 38%, 언어는 7% 정도로 전달된다고 규정하면서[93] 아래 〈도표 4.1.1〉과 같이 세분화하였다.

---

93) Ray L. Birdwhistell, *Kinesics and Context*, Philadelphia: University of Pennsylvania, 1970, p.158.

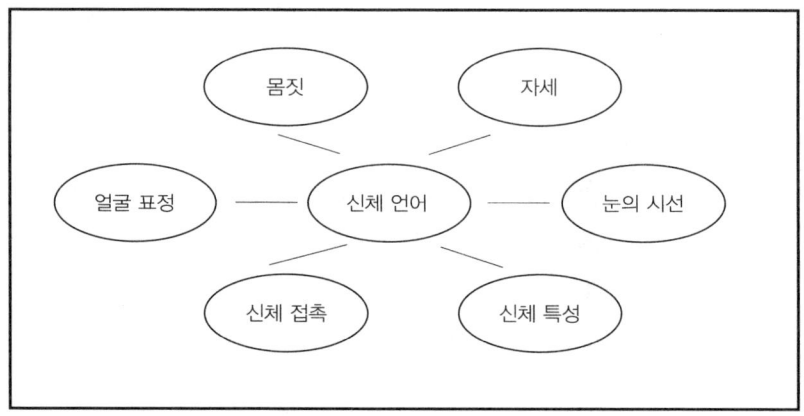

〈도표 4.1.1〉 버드휘스텔(Birdwhistell)의 신체언어 분류표

　어떤 커뮤니케이션 전문가에 의하면, 몸동작을 통해 전달할 수 있는 의미의 표현이 70만 이상이 된다고 한다.[94]

　우리가 대화를 하면서 자세히 주의하여 살펴보면, 상대방의 몸짓이나 얼굴 표정을 통해 자신의 감정과 생각을 전달받게 된다. 특히 어떤 사실을 강조하려 할 때에는 눈빛과 몸의 제스처가 훨씬 강렬하게 표현됨을 알 수 있다. 대화의 내용에 별 관심이 없는 경우에는 고개를 간혹 끄덕이며 듣는 척해도 눈빛의 초점을 잃기 쉽고, 응시하는 빈도수가 현저히 떨어지며, 자주 다른 곳을 응시하게 된다. 이러한 표정들은 관심이 없음을 자연스럽게 드러내는 또 하나의 의미 전달의 비언어적 형태이다. 그러므로 언어와 병행해서 사용하는 다양한 몸짓은 다양한 의미를 표현하는 도구로 손색이 없음을 알 수 있다.

　우리는 얼굴 표정과 시선 혹은 손뿐만 아니라 그 이외의 모든 신체를 다 이용하여 생각이나 감정 혹은 마음을 전달하게 된다. 특히

---

94) Donald W. Klopf and Myung-Seok Park, *Cross-Cultural Communication*, Seoul: Han Shin Publishing, 1982, p.93.

언어를 사용하지 않고서도 비언어적인 몸짓이나 손짓, 표정 그 자체가 이미 그 사람의 감정과 마음을 간파하게 된다. 이러한 비언어적 양식들을 자세히 주의해 보면, 언어와 마찬가지로 뜻하는 바를 은밀하게 혹은 가장 정확하게 이해할 수 있게 된다.

기본적인 제스처의 대부분은 일정 공간과 시간 내에 살고 있는 모든 이들이 공통으로 사용하므로 표현상의 작은 차이에도 불구하고 의미에서는 큰 차이가 없는 것으로 알려져 있지만, 실상은 그렇지 않다. 물론 긍정적인 의미를 표시하는 끄덕임이나, 부정적인 의미를 나타내는 머리를 젓는 제스처, 그리고 사랑의 감정을 표현하는 몸짓은 인간 공통의 행동으로 드러난다. 또한 웃음이나 울음도 세계인이 똑같이 쓰는 인간 본능의 대표적인 감정 표현 모습이다.

그러나 손짓의 경우만 해도 문화권마다 현저히 다른 다양한 의미를 가지고 있기 때문에, 타 문화권에서의 제스처는 여유를 가지고 잘 살펴보면서 이해를 습득해야 할 것이다.

1992년 미국 로스앤젤레스(Los Angeles)에서 흑인폭동 사건이 있었다. 직·간접적으로는 '로드니 킹 사건'으로 불리는 백인 경관의 인종차별적인 폭력 진압에 대한 흑인들의 분노에서 기인했다. 하지만 실제적으로 한인 가게들이 약탈과 방화의 대상이 되었던 직접적인 계기는, "한국인 상점에 물건을 사러 온 흑인 고객의 눈을 한국인 상점 주인이 쳐다보지 않은 것과 거스름돈을 고객의 손에 건네지 않고 카운터에 내려놓은 행동이었다"[95]고 평가한 보고서가 있다. 이처럼 상대방을 경시하는 듯한 사소한 몸짓 언어가 무의식적으로 표출

---

95) 김정은, 《한국인의 문화간 의사소통》, 서울: 한국문화사, 2011, p.55.

됨으로 인하여 커뮤니케이션의 결렬현상을 넘어 심각한 수준의 문화충돌을 가져온다는 것이다.

타 문화권에서 발생하는 커뮤니케이션 결렬현상은 언어적인 것보다는 비언어적인 것으로 인해 발생하는 것이 허다함을 알게 된다. 언어에 대해서는 상대방이 어느 정도 이해하는 차원으로 수용하려는 가능성이 높은 반면에, 비언어적인 경우에 전혀 다른 차원의 상징들은 상당한 오해를 가져오기 쉽다는 것이다.

특히 교차문화권에 진입할 때에 제일 먼저 발생하는 것이 타 문화권에 익숙한 인사의 법도와 태도이다. 인사의 범례는 언어로 이루어지는 부분보다 비언어적인 요소가 더욱 강하게 전달되므로, 각 문화권의 차이를 연구하고 잘 인식해서 참으로 신중하게 접근하는 것이 필요하다. 이것은 그 문화권에 정착을 시도하는 타 문화권 선교사들에게는 필수적인 요소가 아닐 수 없다.

2009년 4월, 프랑스에서 열린 나토(NATO) 정상회담에 오바마 대통령 부부가 참석하여 프랑스 대통령 부부의 환영을 받으면서 서로 부부가 짝을 지어 인사하며 반갑게 환영하게 되었다. 그런데 프랑스 대통령의 부인인 부르니 여사가 오바마 대통령에게 몸을 기울여 키스를 하려고 하자 오바마 대통령은 어색하게 멈칫하는 태도를 보였고, 이에 당황한 부르니 여사는 곧바로 몸을 세워 수줍은 듯 악수만 하고 지나갔다.

이러한 상황에 대해 영국 일간지 데일리 메일은 "오바마는 프랑스식 인사법을 해도 좋은 것인지 확신하지 못했고, 브루니는 이런 오바마의 망설임을 본능적으로 이해한 것 같았다"라고 전했다.[96] 물론

---

[96] 2009년 4월 6일 〈국민일보〉, 인터넷판 재인용. http://news.kukinews.com/article/view.asp?page=1&gCode=int&arcid=0921246762&cp=nv.

오바마 대통령이 프랑스식 인사법을 몰랐을 수도 있지만, 아니면 의도적으로 어떤 의미를 전달하려고 했는지는 모를 일이다. 그런데 이후에 오바마 대통령의 부인인 미셸 여사가 버킹검 궁에서 열린 리셉션에서 영국 엘리자베스 여왕의 어깨에 손을 얹었다고 해서 또 한 차례의 '결례' 논란이 일었다. 어쩌면 영국은 격식과 예절에 집착하는 문화이고, 미국은 이에 비해 자유롭고 편한 스타일의 문화 차이가 드러나는 순간이었다.

이후 9월 24일, 미국의 피츠버그에서 열린 G20 정상회의에서 프랑스 대통령 부부를 다시 만난 오바마 대통령은 브루니 여사에게 인사할 때에 양 볼에 두 번씩 네 차례나 키스를 하는 장면이 포착되었다. 어쩌면 오바마 대통령이 일전에 미안해 하던 브루니 여사에게 사과하는 한편 극진한 애정으로 환영한다는 의미를 전달하려고 했던 것으로 보인다. 그런데 그 옆에서 이러한 오바마의 지나친 환대의 모습에 부인 미셸 여사의 모습이 비교되었는데, 미셸은 입을 오므리고 얼굴 표정은 아주 찡그린 듯한 모습이어서 환하게 화답하는 브루니하고 대조를 이루었다.

이처럼 비언어적인 인사법이나 얼굴 표정은 상대방 문화에 대한 태도를 그대로 반영하며, 마음의 표현과 함께 전달하려는 의도에 따라 다양하게 연출될 수도 있고, 또한 자연스럽게 다양한 의미의 메시지를 전달하고 있음에는 틀림이 없다.

이렇듯 교차문화권에서의 비언어적 행위나 양식들은 각 문화권에 따라 다양한 의미의 차이가 있으므로, 타 문화권 선교에 있어서 비언어적인 표현이나 양식들에 대한 인지나 이에 대한 대처 능력을 키우는 것이 효과적인 교차문화권 의사소통의 중요한 과제라 하겠다.

1) 몸짓(Bodily Movement)과 자세(Gesture)

몸짓(bodily movement)은 사람의 생각이나 의도, 감정이나 느낌을 전달하는 데 사용되는 몸동작을 의미한다. 대부분 손과 팔로 이루어지는 제스처(gesture)이고 얼굴 표정과 머리 동작도 포함한다. 자신의 의도를 강조하며 드러내기 위한 제스처와 구분하여 자기 스스로 몸을 만지는 행위나 몸 가꾸기, 옷 매무새를 고치는 습관이나 버릇 등도 몸짓에 해당된다고 볼 수 있다. 그런데 몸짓과 자세는 각 문화권마다 의미의 차이가 매우 크기 때문에 교차문화권 선교에 있어서 이를 집중적으로 이해하는 것이 필요하다.

서구 문화에 익숙한 선교사들은 주로 의자에 앉아 있을 때에 보통 다리를 꼬고 앉아 있거나 4자 형태로 올려놓는 경우가 다반사이다. 이러한 태도가 초기 한국에 온 서구 선교사들에게서 나타났는데, 다리를 단정하게 오므린 자세를 예의 바른 모습으로 간주하는 아시아 문화권에 비추어 볼 때에 서구 선교사들은 아주 예의도 모르는 건방지고 교만한 모습으로 비쳐졌다. 특히 이러한 4자 형태의 다리 모양은 모슬렘권에서는 절대 삼가해야 할 자세이다. 왜냐하면, 모슬람권에서는 발바닥을 보여주는 행위는 아주 모욕적인 의미로 받아들이기 때문이다.

마가복음 14장 13절과 누가복음 22장 10절을 보면, 남자가 물동이를 지고 가는 장면이 나오는데, 그것은 남미의 토토낙(Totonac) 민족에게는 심한 비웃음거리가 되고 만다. 그들 문화권에서는 물동이는 여자가 이고 가는 것이지 남자가 물동이를 지고 가는 일은 결코 상상할 수 없기 때문이다.[97]

---

97) Eugene Nida, "Linguistic and Ethnology in Translation Problem" in Dell Hymes eds., *Language in Culture and Society: A Reader in Linguistics and Anthropology*, N.Y.:

한국에서 애인을 의미할 때에는 주로 새끼손가락을 세운다. 그런데 인도나 네팔에서는 화장실에 가고 싶다는 의미이다. 서구 문화권이나 한국 문화권에서는 타인을 칭찬하거나 잘했다는 용기를 주기 위해 주로 엄지손가락을 치켜세운다. 그러나 그리스인이 이를 보면, 아주 불쾌한 장면으로 받아들일 것이다. 왜냐하면 그리스 문화권에서 엄지손가락을 치켜세우면 칭찬이 아니라 입 닥치고 가만 있으란 의미이다. 이탈리아인들이 검지를 깨무는 장면은 '조심하라, 매우 화가 났다'는 의미를 내포하고 있다. 50개국을 돌며 여행작가로 활동하는 이노미 씨의 경험담은 문화권마다 다른 의미를 내포하고 있는 신체언어에 대한 이해의 중요성을 상기해 준다.

> 인도에서 릭샤(자전거 인력거)를 탔는데 릭샤 왈라(릭샤 기사)가 자꾸 '실크 숍'이라는 말을 되풀이하는 거예요. 실크 가게에 가자는 거구나 싶어 단호하게 고개를 저었죠. 그런데도 결국은 실크 가게에 도착했어요. 릭샤 삯을 두고 말싸움이 시작됐죠. 그때 양복 차림의 중년 신사가 내 사정을 듣고는 릭샤 왈라를 무자비하게 때렸습니다.[98]

한국 문화권에서는 정반대의 의사를 표현할 때에 머리를 가로 세로로 젓는 데 반하여 인도 문화권에서는 그렇게 가로 세로로 고개를 젓는 행위는 승낙의 의미였기 때문에 인력거를 끄는 사람과의 의미 전달에서 서로 오해가 있었던 것이다. 이처럼 고갯짓 하나에도 문화권마다 차이가 있으므로 교차문화권 의사소통에서는 비언어적

Harper & Row, 1964, pp.90-97.
98) 이노미, 《손짓, 그 상식을 뒤엎는 이야기》, 서울: 바이북스, 2009, pp.4-5. http://books.chosun.com/site/data/html_dir/2009/06/06/2009060600229.html.

의미들에 대해 더욱 깊은 이해가 절실하다.

1972년 터키를 여행하던 미국 대학생 3명이 지나가는 다른 여행객과 함께 여행하고자 하는 마음으로 엄지손가락을 치켜들어 보이는(thumbs-up) 히치하이크(hitchhike)를 청하다가 성폭행을 당했다는 기사도 있다.[99] 터키 문화권에서 엄지손가락을 세우는 것은 동성애 상대를 구한다는 의미로 받아들여지기도 하며, 이탈리아 반도 서쪽과 그리스에서는 상대방에 대한 모욕으로 해석되기도 한다. 이처럼 신체언어 가운데 손짓은 문화권마다 다양한 의미들을 내포하고 있기에 교차문화권 선교사들은 언어 훈련은 물론 비언어적 행위에 대한 주의력 있는 관찰과 이해가 필수적이다.

문화권마다 가장 많은 오해를 불러오는 것은 아마도 승리를 상징하는 V 신호와 OK를 상징하는 사인일 것이다. 검지와 중지를 펼친 V자 사인은 주로 사진을 찍을 때 쓰이기도 한다. 원래는 제2차 세계대전에서 승리한 영국의 윈스턴 처칠 경이 군중들에게 승리의 의미로 사용한 데서 유래되었다고 한다.

그런데 이러한 V자 사인도 손등의 향방에 따라 의미 차이가 있다. 영국에서 손등을 상대방에게 보인 V자 사인은 여성의 주요 신체 부위를 의미하기에 심한 모욕과 수치심을 불러오는 사인이다. 반면에 그리스에서는 손등을 상대로 하고 손바닥을 본인 쪽으로 한 V자 사인이 승리를 의미한다. 이처럼 동일한 행위도 문화권에 따라 다른 의미를 가지고 있음을 유의해야 한다.

엄지와 검지를 오므린 사인은 한국이나 미국에서는 주로 '훌륭하

---

99) *Ibid.*

다'(fine), '완전하다'(perfect), '위대하다'(great)라는 의미 또는 '좋다', '허락한다'는 의미로 사용되지만, 그리스, 덴마크, 노르웨이, 스페인, 러시아 등 대부분의 유럽 문명권이나 심지어 브라질 등 남미 문화권에서는 여성 성기를 상징하는 외설적인 의미로 사용되기에 심한 모욕감을 줄 수 있다. 더불어 프랑스에서는 '가치 없음'이나 '0 상태'의 부정적인 의미를 담고 있으며, 일본에서는 돈을 의미하기도 하며, 몰타섬에서는 '남색'(男色)을 의미하기도 한다.

그리스나 이탈리아, 터키에서는 머리를 뒤로 젖히면 부정의 의미이며, 눈썹을 치켜올리거나 혀를 끌끌 차고 머리를 젖히면 아주 강한 부정적인 의미를 나타낸다. 우리가 보통 편안한 마음으로 무심코 두 손을 가슴에 모으는 팔짱 끼는 행위도 남태평양 피지(Fiji) 섬에서는 경멸의 의미를 담고 있기 때문에 타 문화권 선교사들은 여간 조심하지 않으면 안 된다.

말레이시아에서 주먹으로 한쪽 손바닥을 두드릴 때에는 화가 났다는 의미이고, 인도네시아에서 대화 도중 허리춤에 손을 얹는 경우는 뭔가 마음에 들지 않는다는 표시이다. 이탈리아인들이 손바닥을 아래로 향하고 엄지와 새끼 손가락을 세우고 나머지를 굽히면 악마의 뿔이나 사악한 것을 의미하지만, 반면에 이를 정면으로 향해 세우면 음란한 뜻을 내포하고 있기에 주의해야 한다.

신체언어도 문화권의 영향에 따라 자연스럽게 생성과 소멸, 모방 등의 과정을 거치게 된다. 한국 사람들이 두 손을 높이 드는 만세 동작과 화났다는 뜻으로 두 손 검지를 머리에 대는 것은 한국과 일본에서만 통하며, 행운을 빈다는 뜻으로 포르투갈인이 사용했던 '피코'(pico, 검지와 중지 사이에 엄지를 끼우는 것)는 일본으로 흘러가 '달갑지 않은 손님'을 가리킬 때 쓰였고, 우리나라에서는 성적인 모욕을 담게

됐다.[100] 서구인들에게 중지를 세우는 것은 심한 욕을 의미하기에 여간 주의하지 않으면 안 되는 양식들이다.

또한 그 문화권에 따른 다양한 신체언어를 주의깊게 살펴보면, 그 문화의 특성을 이해하기도 한다. '술 한 잔 하자'는 뜻을 지닌 표현법이 한 예다. 맥주를 일상적으로 즐기는 동유럽 문화권에서는 커다란 맥주잔을 주먹으로 표현하고, 포도주를 즐기는 중부유럽 문화권에서는 포도주병 마개를 따는 시늉을 함으로 표현한다. 독한 보드카를 마시는 슬라브 지역에서는 술기운이 목까지 차오르는 것을 손으로 튕겨 표현하기도 한다. 에크먼과 그의 동료들은 이처럼 말을 충분히 대신하는 문화적 특성을 담은 신체적인 움직임을 '엠블렘'(emblem)이라고 규정한다.[101] '엠블렘'이란 '상징적 신호'라고 해석할 수 있다. 에크멘에 의하면, 다른 제스처와 달리 엠블렘의 특징을 아래와 같이 소개한다.[102]

① 한두 개의 단어로 직접 바꿀 수 있다.
② 집단 구성원 대부분 또는 전부에게 알려져 있다.
③ 수신자에게 구체적인 메시지를 보낼 의도로 사용된다.
④ 메시지를 보낸 책임을 지는 송신자가 있다.
⑤ 상황과 상관없이 명확한 의미를 지닌다.

이처럼 엠블렘은 매우 구체적인 의미를 지닌 제스처이기에 단순

---

100) *Ibid.*
101) Ekman, P., W. Friesen & J. Bean, "The International Language of Gesture", *Psychology Today* 18, 1984, pp.64-69.
102) Ekman, P., "Movements with Precise Meanings", *Journal of Communication* 26, 1976, pp.14-26.

히 손가락이나 손으로만 이루어지는 것이 아니라 고갯짓과 몸의 움직임으로도 이루어지며, 그 상징적 신호들은 언어로 대치된다는 점을 알고 유의 깊게 살피면서 연구하는 것이 필요하다. 나아가 현지 문화권에서 유용하게 사용하는 언어를 동반한 의도적인 육체적 제스처를 잘 익혀 사용함으로, 송신자의 메시지의 의미를 더욱 풍부하게 전달할 수 있는 효과를 얻을 수도 있다.

그런데 연구자들에 의하면 문화가 자세의 스타일에 영향을 미친다고 한다. 즉, 모든 문화권에서 동일 자세를 취하는 것이 아니며 한 가지 방식으로 해석되지도 않는다는 것이다.[103] 그러므로 자세나 몸짓들은 문화권에 따라 다양한 스타일이 존재하는데, 저맥락 문화인 서구 문화권에 속한 사람들은 대인관계에 있어서 상대방과의 편안한 관계를 원한다는 의미에서 주로 팔다리를 벌리는 자세를 하고, 다리를 꼬고 앉는 스타일을 선호한다. 반면에, 고맥락 문화권에 속한 한국이나 일본, 중국을 비롯한 아시아권에서는 그러한 태도를 정숙하지 못한 태도로 간주한다.

맥긴리(McGinley)의 연구에 의하면, 일본 대학생들은 미소를 덜 짓고 팔다리를 벌리지 않은 여성모델을 좀 더 매력적이라고 답한 반면, 자주 미소를 짓고 팔다리를 벌린 모델을 덜 매력적으로 간주했다. 그러나 미국 남녀 대학생들은 자주 미소를 짓고 자연스럽게 팔다리를 벌린 자세를 취한 모델을 가장 매력적으로 간주했으며, 미소가 적고 팔다리를 오므린 자세를 취한 모델을 소극적이고 자신감이

---

103) Kudoh T. & D. Matsumoto, "Cross-Cultural Examination of the Semantic Dimensions of Body Posture", *Journal of Personality and Social Psychology* 48, 1985, pp.1440-1446.

없는 매력적이지 못한 자로 간주했다.[104]

　문화권마다 약간의 차이는 있지만, 공통적으로 나타나는 것은 자세와 권력과의 상관관계이다. 일반적으로 권력가나 지위가 높은 사람일수록 느슨한 자세를 취하는 반면 지위가 낮은 사람은 좀 더 꼿꼿하고 긴장된 자세를 취하게 된다. 이러한 모습은 북한의 최고 권력자이며 사령관인 김정일과 함께 군부 시찰을 다니는 고위 관료들의 사진을 보면 알 수 있다. 독재자인 김정일은 나이 많은 장성들 앞에서도 한 손을 주머니에 넣는다든가 양손을 뒤로 젖혀 배를 내민 스타일(동양 문화권에서는 나이 많은 어른들의 자세)로 걷는 모습이 자주 목격된다. 그러나 그의 주변 사람들은 언제나 꼿꼿한 정자세로 서 있고 뭔가를 열심히 수첩에 적는 듯한 태도를 취하고 있다. 이것은 자세와 권력의 관계를 아주 적나라하게 보여주는 실례이다.

　미국 정신병원의 직원회의를 관찰한 고프먼(Goffman)은 지위가 높은 의사는 테이블에 발을 올려 놓고 의자에 기대어 누운 듯한 느슨하고 편안한 자세를 취하는 반면, 지위가 낮은 의사들은 좀 더 격식을 차린 자세를 취하고 있음을 발견했다.[105] 머라비언(Mehrabian)도 지위가 높고 권력을 많이 행사할 수 있는 자일수록 느긋하고 편안한 자세를 취하는 반면, 지위가 낮은 자나 권력에 복종해야 할 자일수록 부자연스럽거나 혹은 긴장된 자세를 취하게 된다고 주장한다.[106] 주로 대등한 지위를 가지고 있는 자들은 상대방과 비슷한 자세를 취하게 되는데, 이러한 자세를 일치된 자세(congruent body position)라고 부

---

104) McGinley, H., et al., "Attraction Effects of Smiling and Body Position", *Perceptual and Motor Skills* 58, 1984, pp.915-922.

105) Goffman, E., *Encounters: Two Studies in the Sociology of Interaction*, Indianapolis, IN.: Bobbs-Merrill, 1961.

106) Mehrabian, A., *Silent Messages*, Belmont, CA.: Wadsworth, 1971.

른다. 그러므로 일치된 자세를 보일 때에는 서로 동등한 지위에 있거나 친구 관계를 의미하는 반면, 일치되지 못한 자세를 보일 때에는 신분이나 지위상 차이가 있음을 알리고 있는 것이다.

일치된 자세와 일치되지 않은 자세의 예는 집단 행위를 살펴보아도 나타난다. 서로 경쟁관계에 있는 집단은 한 장소에 있을지라도 일치되지 않은 자세를 보이고, 반면에 집단 간에 협력이 많아지면 일치된 자세로 자연스럽게 바뀜을 알게 된다.

또한 몸동작은 대화의 시작과 끝을 알리는 데 사용되기도 한다. 미국 문화권에서 집단 구성원들은 주제를 바꾸고 싶거나 말하고 싶을 때 혹은 대화를 끝내고 싶을 때 다음 몇 가지 행동으로 표현한다.[107]

① 40도 각도로 몸을 기울인다.
② 시선을 접촉하지 않는다.
③ 미소를 짓는다.
④ 두드러지게 고개를 끄덕인다.
⑤ 자세를 바꾼다(몸통, 다리 혹은 둘 다)
⑥ 바닥에 발을 내려놓는다.

이러한 단서들은 미묘하지만 대화를 바꿀 때 아주 효과적으로 사용된다. 팔짱을 낀 채 서 있던 사람이 계속해서 시계를 들여다본다거나 바닥을 발로 톡톡 치거나 시선을 자꾸 다른 데로 향하고 있다면, 이것은 '지루하다'거나 혹은 '이제 그만 갈 시간이다'라든가 혹은 '그만 끝내자'는 의미로 받아들여진다.

---

107) Carley H. Dodd, *op. cit.*, p.228.

문화적으로 다양하게 행동을 해석하는 규범이 존재하기에 이러한 의미는 근거가 무엇인지 찾는 것이 대단히 중요하다.[108] 이러한 비언어적 행위들을 구체적으로 이해하기 위해서는 참여자 관찰 방식으로 다양한 문화권이 서로 어울려 의사소통하는 것을 관찰하여 분석하는 "비언어적 의사소통 행동의 관찰"(Appendix 4)을 참고하면 도움이 될 것이다.

2) 얼굴 표정(Facial Expression)과 눈 동작(Eye Movement)

얼굴은 생리적, 심리적인 정서 변화가 가장 민감하게 드러나는 신체 부위이다. 그래서 어떤 사람에 대한 첫인상은 관계 형성에 있어서 매우 중요함을 인식하게 된다. 첫 대면 시는 주로 옷 차림이나 외모를 눈여겨보지만, 실제로는 상대방의 얼굴 표정을 깊이 살피게 되는 경향이 있다. 그래서 비언어적 커뮤니케이션에서 가장 중요하게 다루어지는 부분은 얼굴 표정과 눈이라고 말하는 이들도 있다.[109]

상대방의 얼굴 표정과 눈에서 심리적 상태를 파악할 수 있다. 얼굴 표정을 상징적으로 표현한 아래 〈도표 4.1.2〉의 '다양한 얼굴 표정 엠블럼'을 보면 우리는 즉시 상대방의 내면의 감정 상태를 이해할 수 있을 것이다.

이러한 얼굴 표정은 전 세계적으로 보편적인 특징이 있다. 그래서 동서 고금을 막론하고 거의 유사한 감정을 얼굴 표정으로 나타낸다. 물론 고맥락권에서는 자신의 감정 표현을 보이는 얼굴로 드러내려 하지 않는 경향이 있다 할지라도, 자연스럽게 내면의 상태가 얼굴 표

---

108) *Ibid.*
109) Mark Knapp & Judith A. Hall, *Nonverbal Communication in Human Interaction*, N.Y.: Harcourt Brace College Publishers, 1997, pp.330-335.

정으로 표현될 때의 모습들은 문화인류학적인 측면에서 볼 때 세계적으로 보편적이라 할 수 있다.

이러한 상태는 아래 〈도표 4.1.2〉를 보면 어느 문화권에서든지 동일한 모습으로 누구나 공감할 수 있을 정도로 확연히 이해할 수 있게 된다.

〈도표 4.1.2〉 다양한 얼굴 표정 엠블럼(amblum)

표정의 유형과 영향에 대해 관심을 갖고 연구를 시작한 사람 중 한 사람이 찰스 다윈(Charles Darwin)이다. 다윈은 어린아이들의 정서를 표현하는 얼굴, 목소리, 몸짓 등에 관한 기록과 사진을 이용하여 아기들의 표정을 분석했는데, 얼굴 표정과 눈짓은 문화권에 따라 약간의 정도 차이는 있지만 거의 보편적(universal) 경향이 있음을 밝혀냈다. 그 예로 원시인들은 말로 표현할 수 없을 때 표정으로 친절, 불만 및 기타 감정을 표현한다.

다윈은 인간이 언어적인 커뮤니케이션 방법을 발견하게 되면서 얼굴 표정은 제2의 커뮤니케이션의 방법으로 발전하게 되었다고 주장했다.[110] 그러므로 타 문화권에서도 말보다는 상대방의 얼굴 표정

---

110) Trevanthen, C., "Emotions in Infancy", in K.R. Scherer & P. Ekman, eds. *Approaches to Emotion*, Hillsdale, NJ: Erlbaum, 1984, pp.129-157.

을 보면, 그 사람이 품고 있는 감정이나 의미들을 자연스럽게 소통할 수 있다는 것이다.

실제로 에크먼과 프리슨(Ekman & Friesen)은 서구인과의 전혀 접촉이 없는 파푸아뉴기니에 고립된 한 원시 부족의 표정을 연구한 결과 기쁨, 슬픔, 분노, 혐오, 두려움, 놀라움의 여섯 가지 감정 표현의 기본적인 방식은 모두 동일하다는 것을 검증했다.[111]

이 조사에 따르면, 행복과 놀람은 얼굴 밑부분, 눈썹, 이마에서, 혐오감은 얼굴 밑부분에서, 두려움은 눈에 잘 표현된다는 결과를 얻어냈다.[112] 비록 문화권이 다른 사람들일지라도 유사한 얼굴 표정을 통해 희로애락을 기본으로 하는 다양한 메시지를 보내고 있음을 알 수 있다. 마크 냅(Mark N. Knapp)은 감정이 잘 전달되는 얼굴 부위를 다음과 같은 도표(4.1.3)로 정리하고 있다.[113]

	입	눈	눈썹	코	이마	볼
놀람	√	√	√	√	√	√
기쁨	√		√		√	√
슬픔		√	√		√	
공포		√	√			
혐오	√			√		√
분노	√				√	

〈도표 4.1.3〉 마크 냅(Mark L. Knapp)의 얼굴 표정 도표

---

111) 이노미, *op. cit.*, p.50.
112) Paul Ekman, & Friesen, W., *Unmasking in Face*, N.J.: Prentice-Hall, 1975.
113) Mark N. Knapp, *Essential of Nonverbal Communication*, N.Y.: Holt, Rinehart & Winston, 1972.

인간 내면의 감정의 표현은 자연발생적으로 보기 때문에, 얼굴 표정을 통해 우리가 쉽게 감정을 읽을 수 있다. 그러나 이러한 내면의 감정을 그대로 노출하는 것은 자칫 상대방과의 커뮤니케이션을 원만히 수행하는 일에 장애 요소가 될 수 있기에 인위적인 조작이나 조절이 가능한 측면도 있음을 알아야 한다.

예를 들어, 상대방에 대한 사랑이나 거부 감정을 자연스럽게 있는 그대로 노출시키면서 발생할 수 있는 여러 가지 정황들을 고려할 때에, 때로는 우리의 체면이나 상대방에 대한 배려 등을 고려하여 감정을 조절할 필요를 느끼게 되는 것이다. 그래서 이러한 자신의 얼굴 표정들을 관리하게 되는데, 이에 대해 에크만은 문화권에 따라 감정의 표현과 억제, 해석의 방법이 다르지만 다음 네 가지로 얼굴 표정을 조절하며 조작함으로 관리하는 것으로 보았다.[114]

첫째는, 감정의 중화이다. 이것은 내면의 감정 노출을 꺼리기에 모호한 중립적 표정을 하는 모습이다. 예를 들어, 권투 경기에 임하는 양 선수가 서로의 내적 느낌을 드러내지 않으려고 무표정한 중립적 표정을 짓는 경우이다. 이러한 감정의 중화는 유교적 영향 아래 있는 동양 문화권의 남성들에게서 강하게 드러난다. 유교 문화권에서는 두려움이나 슬픔을 겉으로 드러내는 행위는 남성답지 못한 행위로 간주하는 경향이 있기 때문이다. 그래서 주로 과묵한 스타일을 예의 바른 남성다운 모습으로 선호하는 경향이 있다.

둘째는, 감정의 감화이다. 이것은 상대방의 기분을 맞추어 주기 위하여 좀더 과장된 얼굴 표정을 짓는 경우이다. 예를 들어 선물을 받을 때에, 마음에 들지 않는 경우에도 아주 좋은 것처럼 과장되게

---

114) Paul Ekman, *Emotion in the Human Face*, N.Y.: Cambridge University Press, 1979.

감사의 모습을 하며 표현하려고 한다. 또 자신에게 별 관심이 없는 이야기임에도 불구하고 마치 호기심이 있는 모습처럼 연출하려는 경우이다. 상대방에게 관대하다는 모습으로 지나친 친밀감을 주고자 할 경우에 나타난다. 특히, 사소하고 조그마한 일에도 쉽게 감동하는 서양 문화권에서 두드러지게 나타나는 표정들이다.

셋째는, 감정의 억제이다. 이것은 내면의 흥분되는 감정을 억제하여 자신의 감정을 덜 드러내려고 위장하려는 표정이다. 예들 들어, 행운을 얻었다거나, 좋은 직장에 취직하거나 혹은 원하는 좋은 학교에 입학한 경우에, 그렇지 못한 상대방에게 자신의 기쁨과 즐거움을 다 드러내며 즐거워하기보다는 상대방의 입장을 배려하여 좋은 감정을 억제하는 경우이다. 또는 부당한 대우를 받아 감정이 상했음에도 불구하고 감정을 억제함으로 우호적인 관계를 유지하려는 경우이다.

솔직하게 자신의 감정을 표현하는 저맥락 문화권인 서구 문화권에서보다 고맥락 문화권인 아시아 문화권에서 감정 억제 현상이 두드러진다고 볼 수 있다. 이런 맥락에서 교차문화권 사역자들이 자문화적 현상으로 타 문화의 비언어적 양태들을 그대로 적용하여 이해하려는 것은 자칫 오해를 불러일으키기 쉬우므로 조심스럽게 문화적 차이를 관찰하는 것이 필수적이다.

넷째는, 감정의 가장이다. 이것은 내면의 감정을 정반대의 모습으로 표출하려는 위장의 모습이다. 예를 들어, 질투나 실망감을 드러내지 않고 교묘히 속이기 위해 오히려 아무 일도 없다는 듯이 미소 짓는 표정으로 위장하는 경우이다. 그러나 이러한 속이는 표정은 좀 더 오래 관찰해 보면 부자연스럽게 표출되는 것으로 드러나며, 순간적으로는 위장이 가능하지만 지속적으로는 불가능함을 드러낸다.

한국인들은 대부분 엄숙하거나 무표정한 얼굴로 의사소통을 하는 경향이 많은데, 그 이유에 대해 김진웅은 유교 문화권의 영향 때문으로 이해하고 있다.[115] 많은 한국 남자들이 다른 사람을 대할 때에 너무 말이 많거나 친절한 듯한 태도를 보이면 '좀 가볍다' 혹은 '위신 없다'는 인상을 심어 준다고 생각하기 때문에 좀 더 과묵한 얼굴 표정을 하는 경향이 농후하다.

이와 유사하게 한국 여성들은 윗어른들 앞에서는 좀 과묵한 표정을 짓는데, 자칫 말이 많고 친절하고 상냥하면 '교양이 없다'라든가 혹은 '조신하지 못하다'는 인상을 줄 수 있기 때문이다. 그러므로 얼굴 표정은 고맥락 문화권의 경우와 저맥락 문화권의 경우가 현저한 차이를 보이기 때문에 자문화권의 입장에서 동일한 의미로 받아들여서는 안 되며, 그 문화권의 역사와 특징을 유의 깊게 살펴보면서 경험해 나가야 할 것이다.

대부분의 연구 결과가 얼굴 표정과 감정 간의 관계에 있어서 문화 간 보편성을 지지하지만,[116] 러셀(Russell)의 연구 결과에 의하면 문화 간 완벽한 보편성은 없는 것으로 나타났다.[117](아래 〈도표 4.1.4.〉 참고).

아래 도표를 보면, 행복 이외의 감정을 나타내는 얼굴 표정은 문화 간 일치성이 현저히 낮기 때문에 얼굴 표정의 의미 해석에 대해 문화 간 차별성이 존재한다는 것을 보여준다. 여기에는 생물학적 요

---

115) 김진웅, 〈한국인의 비언어적 커뮤니케이션 행위에 대한 연구〉, 서울: 한국외국어대학교 대학원 석사학위 논문, 1989.
116) Paul Ekman, Strong evidence for universals in facial expressions: A reply to Russell's mistaken critique, *Psychological Bulletin* 115, 1994, pp.268-287.
117) Russell, J.A., Is there universal recognition of emotion from facial expression? A review of the cross-cultural studies, *Psychological Bulletin* 115, 1994, pp.102-141.

인보다는 문화적 요인이 결정적이므로 비서구 문화권 사람들은 서구 문화권 사람들보다 두려움, 역겨움, 분노 등의 감정을 구별하는 데 어려움이 있다.

(단위: %)

	일본	브라질	칠레	아르헨티나	미국
행복	87	97	90	94	97
두려움	71	77	98	68	88
놀라움	87	82	88	93	91
분노	63	82	76	72	69
혐오/경멸	82	86	85	79	82
슬픔	74	82	90	85	73
응답자 수	29	40	119	168	99

〈도표 4.1.4〉 러셀(Russell)의 5개국 문화권의 감정에 대한 판단 비율표

이런 맥락에서 러셀은 감정을 구별하는 데 문화적 보편성보다는 차별성을 강조한다.[118] 그러므로 교차문화 선교를 위해서는 현지 문화의 배경과 특성을 우선적으로 이해하려고 노력해야 하며, 동시에 오랫동안 관찰한 이후에 그들의 문화적 배경에서 발생하는 비언어적 양식들에 대해 익숙할 정도로 성육신적 상황화 훈련을 쌓아가야 할 것이다.

얼굴 표정과 함께 동시에 살펴야 할 부분은 눈썹을 포함한 눈 동작이다. 엄마와 아이 사이의 상호작용에서 관찰되는 눈썹 동작은 대부분의 문화권에서 우호적 관계를 맺으려는 보편적인 행동이다.

---

118) *Ibid.*

사모아인이나 폴리네시아인, 파푸아뉴기니아인이나 야노마미 원주민도 이방인과 우호적인 접촉을 할 경우 눈썹을 빨리 올리지만, 일본이나 한국에서는 어른의 눈썹 동작은 고상하지 못한(무례한/꼴불견/부적절한) 행동으로 간주된다(아이들에게는 예외인 것 같다). 유럽이나 미국에서는 우호적 관계를 수립한 사람들 사이에서 (제한적으로) 허용되지만, 이방인에게는 여전히 낯섦을 유발한다.[119]

골목에서 싸우던 아이들은 종종 표정만 보고도 승자를 결정한다. 대부분의 아동은 턱을 뒤로 빼고 얼굴을 쳐든 다음 눈썹을 찌푸리면서 상대방을 노려보는 상대방(plus face)을 승리자로 간주하는 반면에, 패배자는 눈썹이 처진 채 턱을 아래로 떨구고 상대방의 눈길을 피한다(minus face). 이것은 10세 정도가 되기까지 아동이 체험하는 공간(골목이나 학교)에서 통용되는 서열에 상응한다. 이러한 경고와 위압적 메커니즘은 사회적 경험을 통하여 정형화된 틀을 넘어서 감정을 자발적으로 표출하는 기제로 순화된다.

눈썹 빨리 올리기 동작은 의례화된 표현으로서 생각하기, 동의, 시시덕거리기, 인사하기, 긍정하기, 격려하기 등의 상황에 동원되어 광범위한 의미 영역을 가지지만, 그 핵심은 −언어적으로는 긍정 표현에 해당하는− 우호적인 접촉 준비와 공감이다(사모아). 눈썹을 올림으로써 확장된 안면은 호기심이나 놀라움 또는 의심을 표현한다. 물론 다른 부위와 연동하여 기대가 가득한 정지 동작, 눈길 접촉, 숨 멈추기, 놀라움의 경우 입 벌리기, 호기심의 경우에는 머리를 흔

---

[119] 박여성, 표정의 기호학: 희로애락의 대위법-아이베스펠트(I.E. Eeibesfeldt)의 행태학을 중심으로, 중심으로, http://www.ehanter21.co.kr)filemanager)pds)o=표정기호학, HWP file자료, p.5.

들면서 눈을 움직이는 동작을 수반한다. 이런 눈썹 빨리 올리기는 거절이나 격분의 표현인 지속적인 눈썹 올리기와 구별해야 한다.

이와 달리 눈썹 천천히 올리기는 표현을 세분하는 수반 동작으로써 일단 주의력을 표현하면서 놀라움과 함께 거만, 격분, 사회적 거절, 사무적 거절을 표현한다. 이것은 위협적인 쏘아보기(째려보기)나 눈과 눈썹 사이를 오므리기(접촉의 거절, 부정, 오만함의 표현)를 수반한다. 거절의 강도가 강할 경우에는 머리를 뒤로 젖히거나(심한 거만함의 표현) 손 흔들기를 수반한다.

격분이나 사회적인 거절을 표시할 경우에는 눈썹을 아주 천천히 올리는 것이 보편적이다. 동료의 실책에 대하여 분노하거나 치켜든 눈썹으로 상대방을 째려보거나 아예 눈을 감고 상대방과의 눈길 접촉을 회피한다.

이때 사무적 거절은 지중해 문화권(그리스)에 국한된다. 일본 문화권에서는 눈썹을 위로 치켜올리는 행위는 경박하다는 의미를 나타내고 있지만, 중부 유럽에서는 애인이나 친구에게 인사를 전하는 방식으로 표현된다. 반면에, 폴리네시안 사람들이 눈썹을 치켜세우는 것은 'OK'나 'Yes'의 의미이다.[120]

사도행전 24장을 보면, 당시 유대의 대제사장 아나니아가 사도 바울을 벨릭스 총독 앞에 고소하는 장면이 나온다. 대제사장 아나니아의 변사 더둘로가 사도 바울을 가리켜 유대인을 소요케 하는 나사렛 이단의 괴수라고 고소하자, 총독이 이를 듣고 있다가 바울을 향하여 "머리로 표시하여 말하라"(행 24:10)고 하였다.

---

120) 이노미, *op.cit.*, p.30.

즉, 벨릭스 총독이 사도 바울에게 더둘로의 고소의 변에 대해 피고의 입장에서 할 말이 있으면 한번 '말해 보라'는 의미로 머리를 들어 올리는 태도를 취했다. 그런데 이 장면을 뉴기니의 키와(Kewa)어로 된 성경에는 "총독이 그의 눈썹을 치켜올려 바울에게 말하라 하니…"라고 번역되어 있다.[121]

이처럼 '말하라'는 의미를 머리를 들어 표시하는 문화권이 있으며, 눈썹을 치켜올려 의사를 전달하는 문화권이 있다. 결국 같은 의미를 전달할 때에 나타나는 비언어적 양상은 문화권마다 다를 수 있다는 것이다.

버드휘스텔(Birthwhistell)에 의하면, 눈썹은 약 23개의 가능한 레퍼토리를 가지며 여자보다는 남자가 눈썹을 더 많이 사용한다고 한다.[122] 이처럼 눈썹의 움직임조차 언어의 한 단면이기에, 머라비언(A. Mehrabian)은 감정이나 태도를 남에게 표현하는 데 있어서 말보다도 신체적 표정이 훨씬 효과가 크다는 것을 실험 조사하여 아래 〈도표 4.1.5〉와 같은 공식으로 만들었다.[123]

> Expressed Emotion(표현된 감정) = Language(언어) 7% + Voice(목소리) 38% + Facial Expression(얼굴 표정) 55%

〈도표 4.1.5〉 머라비언(Mehrabian)의 감정 분포도

---

121) James C. Hfley, *Searchlight on Bible Words*, Grands Rapids, MI: Zondervan Publishing House, 1972, p.73.
122) Donald W. Klopf and Myung Seok Park, *Cross-Cultural Communication*, Seoul: Han Shin Publishing Co., 1982, p.93.
123) M.R. 챠티어, *op. cit.*, p.112, 재인용.

그의 도표에 의하면, 결국 언어적인 부분은 겨우 7%에 불과하며, 그 나머지 93%가 비언어적인 요소에서 의미 전달이 가능하다는 사실을 알 수 있다. 비언어적인 의미 전달 가운데에도 얼굴 표정이 차지하는 비중이 55%로, 가장 비중이 크고 중요한 비언어적인 요소라는 사실을 이해할 수 있다.

특히 순간적인 얼굴 표정은 의도적인 조작 가능성이 낮으며, 자연 발생적이기에 신뢰도와 정확성이 높고, 문화권마다 상이성보다는 유사성이 강하기에 세심하게 살피면 교차문화권 커뮤니케이션에서 아주 적절한 효과를 얻을 수 있을 것이다.

에드워드 헤스(Edward H. Hess)는 얼굴 표정과 관련하여, 동공의 움직임에 대한 새로운 키네식스 신호에 대해 설명하고 있다. 즉, 사람은 어떤 사실에 대해 만족하거나 유쾌하게 생각하는 순간 동공이 무의식적으로 커진다는 사실을 설명했다.[124] 특히 보통 사람의 눈동자는 벌거벗은 나체 사진이나 영상을 보면 2배로 커진다는 사실을 발견했다.[125]

그는 이러한 키네식스 신호를 텔레비전 광고의 효과 측정에 이용할 수 있다고 지적했다. 그래서 일정한 사람을 뽑아 그들에게 여러 편으로 제작한 영상을 보여주고 그들의 눈동자를 동시에 촬영한 후, 동공이 커지는 경우에 상영된 내용들이 광고 효과를 가져올 수 있다는 것이다.

문화권에 따라 상이한 부분이 있지만, 각 문화권마다 눈과 관련한 규범을 설정해 놓고 있다. 그 예로 공공장소에서 낯선 사람을 오랫동안 직접적으로 뚫어지게 쳐다보는 것은 상대방에게 혐오감을

---

124) Julius Fast, 《보디랭귀지》(*Body Language*), 김양원 역, 서울: 언어문화사, 1976, p.8.
125) *Ibid.*

줄 수 있기에 큰 실례를 범하는 행위이다. 어떤 특별한 경우를 제외하고서는 신체의 특정 부분을 훑어보는 행위도 바람직하지 못한 것으로 인식된다. 시선은 사람이나 대상물을 단순히 쳐다보는 행위가 아니라 다양한 의미를 내포하고 있기 때문이다. 최윤희는 시선의 네 가지 기능을 이렇게 설명한다.[126]

① 커뮤니케이션 흐름의 조절
② 피드백 모니터링
③ 감정의 표현
④ 대인관계의 성격 전달

또한 이러한 기능들은 각기 독립적으로 운영되는 것이 아니라 동시적으로 나타나기 때문에 상당히 복합적인 측면이 있다. 예를 들어 말을 마치면서 상대방을 응시하는 것은, 그 사람에게 말할 차례가 되었다는 것을 알려주는 것뿐만 아니라 그 말에 대한 피드백을 모니터링 하는 기회를 갖는 순간이기도 한 것이다. 그러므로 눈길을 통하여서도 다양한 의사를 소통하게 되는 것이다.

서로간의 눈길은 종종 관계의 성격을 알려주기도 하고 권력의 소재를 파악하게도 해준다. 일반적으로 서로 사랑하는 관계의 눈길은 따뜻하고 그윽하며, 오랫동안 반복적이고 지속적이다. 이런 면에서 아가일과 딘(Argyle & Dean)은 친밀감 평형 모형(intimacy equilibrium model)을 제시했다.[127]

---

126) 최윤희, *op. cit.*, p.84.
127) Argyle, M. & J. Dean, "Eye Contact, Distance and Affiliation", *Sociometry* 28, 1965, pp.289-304.

이 모형에 따르면 친밀감은 눈길, 의향, 물리적 근접성, 대화 주제의 친밀감과 미소의 양에 영향을 미친다는 것이다. 지위가 낮은 사람은 상대방에게 말할 때보다 들을 때 더 많은 눈길을 주며 더 집중하는 경향을 보인다. 또한 두 사람 사이의 관계가 부정적일 때는 서로의 눈길을 줄이게 된다.

사람들은 서로 연관된 사람에게 눈길을 주는 경향을 보인다. 적대감이나 애정이 어린 시선은 서로간의 관계에 대한 관심과 관여를 나타내는 것이다. 눈 동작은 사람이 사회규범을 배우는 문화적 환경에 따라 다양해진다고 본다. 때로는 눈길의 패턴이 접촉 문화(중동 아랍권)와 비접촉 문화(북유럽권)의 차이를 보여주며, 눈길의 횟수보다는 눈길의 길이에서 뚜렷한 차이가 나타난다.

실례로, 스웨덴 사람은 영국 사람보다 눈길의 횟수는 적지만 눈길의 길이가 길다.[128] 같은 문화권 안에서도 패턴이 다른데, 미국의 백인들은 흑인들보다 상대방에게 더 많은 눈길을 주는 것으로 나타났는데,[129] 지나친 눈길은 문화권이 달라도 노여움, 위협, 경멸을 나타내며, 너무 적은 눈길은 무관심, 불성실, 부주의, 혹은 수줍음의 의미를 담고 있다.

눈의 또 다른 움직임 또한 문화적으로 다양하고 뚜렷한 의미를 가지고 있다. 예를 들어 북미인 사이에서 눈을 깜짝이는 경우는, "난 이 일을 가지고 놀리는 중이야"라든가 시시덕거린다는 것을 의미한다. 나이지리아 사람들이 자기 아이들에게 윙크를 할 경우는 아이들에게 잠깐 방을 나가라는 뜻이다.

---

128) 최윤희, *op. cit.*, p.89.
129) *Ibid.*

타일랜드에서는 '호의적인' 윙크가 모욕으로 받아들여질 수 있음을 유의해야 한다.[130] 심지어 눈을 크게 뜨는 것에 대해 문화권마다 차이가 있음을 유의해야 한다. 그러므로 눈의 움직임이나 시선 또한 중요한 문화적 의미들을 내포하고 있기에 교차문화권 선교사들은 이에 대한 이해와 연구가 절실하다.

이 점에 대해 연구해온 컨돈(Condon)은 문화권마다 다양한 의미의 차이를 아래 〈도표 4.1.6〉과 같이 요약하여 발표하였다.[131]

의 미	의 도	문 화
정말!	놀라움, 경이로움	영국계 백인
유감이다	화남	중국
믿지 않는다	도전	프랑스
이해하지 못한다	도움을 구함	히스패닉
무죄다	설득	아프리카계 아메리카인

〈도표 4.1.6〉 컨돈(Condon)의 문화권에 따른 눈 동작 의미의 차이

상대방을 응시하는 행위나 눈맞춤의 문화적 배경에 따라 다른 의미를 함축하고 있다. 예를 들어 우리나라 일본, 중국과 같은 아시아 문화권에서는 연장자의 눈을 똑바로 응시하는 행위는 불만을 표출하거나 혹은 무례한 것으로 간주한다.

그러나 북아메리카나 유럽 문명권에서는 오히려 눈을 맞추지 않

---

130) Suriya Smutkupt and La Ray Barna, "Impact of Nonverbal Communication in and Intercultural Setting: Tailand," *International and Intercultural Communication Annual 3*, 1976, pp.130-138.
131) Condon, E.C., "Cross-Cultural Interference Affecting Teacher-Pupil Communication in American Schools," *International and Intercultural Communication Annual 33*, 1976, pp.108-120.

는 것 자체를 무관심이나 무시로 간주하기에, 항상 대화할 때에는 상대방의 눈을 응시한 채로 유지해야 상대방에 대한 최고의 관심과 예의를 표하는 태도이며, 성실하고 신뢰할 만한 사람으로 간주되는 것이다.

또한 라틴아메리카 인디언의 아두투(Adutu) 부족과 부루루(Bururu) 족은 대화할 때 상대방으로부터 몸을 돌려 다른 물체를 응시하는 독특한 습관이 있다.[132] 이런 경우 현지 문화권에 대한 이해가 부족하면 자칫 커다란 오해를 가져와 신뢰도를 상실하고 커뮤니케이션의 결렬현상을 맛보게 될 것이다.

미국에 이민 온 한인 1세와 미국에서 교육받고 자란 한인 2세와의 갈등 가운데, 부모가 아이들을 책망할 때의 태도에 따라 자칫 대인 커뮤니케이션 결렬현상이 자주 발생한다. 부모로부터 책망을 받는 아이들은 주로 부모의 눈을 응시하며 자신의 마음을 소신껏 얘기하는 데 반하여, 한인 부모들은 이러한 아이들을 버릇없고 반항적인 태도로 간주하여 심각한 커뮤니케이션의 장애현상을 경험하게 된다. 자 문화권에 익숙한 한인 1세 부모들은 자신이 아이들을 책망할 때에 고개를 숙이고 눈을 깔고 경청하는 것을 예의 있는 태도로 기대한다. 그래서 자녀들이 부모의 눈을 응시하는 것은 부모를 무시하고 반항하며 대드는 것으로 간주하기에 더욱 분노할 수밖에 없는 것이다.

필자도 이러한 경험이 있는데, 지금 생각해 보면 문화권의 차이에서 오는 비언어적 행위에 대한 인지능력이 현저히 부족했던 모습에 부끄러움을 느끼게 된다. 이처럼 사소해 보이는 비언어적 요소들에

---

132) 이노미, *op. cit.*, p.30.

대한 교차문화적인 이해력과 인지능력은 대인 커뮤니케이션에서 아주 중요한 부분으로 자리하고 있는 것이다.

또한 타 문화권 선교사는, 현지인들과 교제나 가르침 가운데서 저들의 표정을 통해 얼마나 관심이 있고, 얼마나 잘 이해하는지를 유의 깊게 살펴야 하며, 지루해 하거나 전혀 알아듣지 못하는 상황을 감지하게 되면 속히 말의 수준이나 길이, 내용 등을 유연하게 조절하는 능력이 있어야 한다. 즉, 소재를 바꾸기도 하고 화제를 자연스럽게 다른 방향으로 돌리려는 유연성이 있어야 한다.

그러나 종종 얼굴 표정이나 눈 동작은 이미 상기한 대로 쉽게 과장되거나 은폐, 억제되어 메시지의 조작이 가능하기도 하기 때문에, 진정한 의미를 파악하기 위해서는 일정 기간 꾸준하고 세심한 주의력을 가지고 관찰하여 판단하는 것이 중요하다. 특히 아시아를 중심으로 하는 고맥락 문화권에서는 감정 표현을 경박하게 생각하고 오히려 내면의 감정을 억제하는 침묵을 선으로 규정하기 때문에 상당한 주의력을 요한다고 볼 수 있다. 아시아 문화권에 사는 사람들의 웃음이나 미소 또한 찬성과 긍정, 우정의 의미와 더불어 비통함과 거절의 의미가 복합적으로 얽혀 나타나기 때문에, 얼굴에 드러나는 표정에 대해 단선적인 이해보다 배경에 대한 선이해가 함축된 복합적인 의미 파악에 더욱 주의해야 할 것이다.

그러므로 현지 문화권에서 유용한 효과적인 방법들이나 적응 가능한 대안들을 좀 더 신중하게 이해하고 몸으로 익혀야 한다는 의미이다. 단순히 언어적인 소통만을 추구할 때에 자칫 복음의 본질적인 의미 전달의 시초에 선교사 자신과의 친밀성과 신뢰성에서 진정한 성육신적 상황화 전략을 상실할 수 있다는 것이다.

3) 신체 접촉(Physical Touch)

신체 접촉은 문화권마다 상당한 주의력을 요하는 부분이다. 왜냐하면 신체 접촉은 비언어 커뮤니케이션 행위 중에서 가장 개인적이며, 그러기에 다양한 방식과 다양한 목적이 상존하고 있기 때문이다. 그런 의미에서 각 문화권은 몸의 각 부분에 해당되는 접촉 행위에 따른 나름대로의 규정된 의미체계를 가지고 있다고 본다.

그런 의미에서 에드워드 홀은 각 문화권을 '접촉 문화'와 '비접촉 문화'로 구별하여 설명한다.[133] 그러나 문화는 접촉하지 않는 문화는 없다. 다만 접촉의 빈도가 상대적으로 낮은 고맥락 문화를 비접촉 문화로 생각할 수 있다. 다시 말해, 한국이나 중국, 일본의 아시아 문화권은 고맥락 문화권에 속하므로 접촉이 비교적 적은 문화권에 해당하지만, 라틴 아메리카의 여러 나라들은 접촉의 빈도수가 현저히 많은 편이며, 러시아를 비롯한 슬라브 국가들은 중간 정도에 해당한다.

이는 문화권의 역사와 전통, 사회적 환경, 생활양식의 차이에서 오는 것으로 판단된다. 서양 문화권은 산업혁명과 르네상스 이후 급격한 경제적 발전이 가져온 물질적인 풍요와 민주주의적인 사고방식 등으로 계층 간의 격차가 줄고 다양한 계층의 의사소통 기회가 많아지게 되어, 자연스럽게 신체 접촉의 빈도나 정도를 증가시키는 계기가 되었다. 반면에 유교적 사고방식의 영향을 받은 동양 문화권은 신분이나 성별, 나이에 따라 계층 간에 예의범절을 중시함으로 인해 신체 접촉에 의한 소통은 극히 제한적인 상황에서 이루어진다.

이러한 영향으로 라틴 아메리카, 포르투갈, 스페인, 이탈리아, 그

---

133) Edward T. Hall, *Beyond Culture*, Garden City, N.Y.: Anchor Books, 1981.

리스 등의 서구 문화권은 접촉이 많은 반면 한국, 중국, 일본 등을 중심으로 하는 아시아 문화권은 서구 문화권에 비해 접촉의 빈도수가 적으며 낯선 사람과의 신체 접촉을 꺼리는 경향이 강하게 나타난다.[134] 예를 들어, 서양 문화권에서는 부부간에는 물론 부자간이나 친구 간에 서로 애정을 표현할 때에는 공공장소임에도 불구하고 키스나 포옹하는 빈도가 높은 반면, 동양 문화권에서는 상대적으로 포옹하는 빈도수가 적다.

미국이나 북유럽 및 호주인들은 가능한 한 낯선 사람을 스치거나 밀치지 않으려고 노력한다. 특히 길거리를 스쳐 지나가다가 비의도적으로 자신도 모르게 신체 접촉이 있을 경우에는 예외 없이 '죄송합니다'(excuse me)를 연발하는 것을 쉽게 관찰해 볼 수 있다. 문화적으로 시간을 철저하게 지키는 것을 미덕으로 중시하는 사회이지만, 이들은 사람들이 많은 공간에 끼어들기보다는 좀 늦더라도 다른 사람과의 신체 접촉을 피할 수 있도록 불편하지만 다음 차례를 기다리는 것을 선호하는 편이다.

'접촉이 많은' 문화권이라 해도 모든 사람들이 모든 사람을 자주 접촉한다는 의미는 결코 아니다. 어느 경우는 이성 간에 접촉이 많은 경우도 있고, 또한 동성 간에 접촉이 많은 경우도 있다. 미국을 포함한 이스라엘, 프랑스, 브라질 등은 이성 간의 접촉이 매우 높지만, 한국, 중국, 일본에서는 남성들끼리보다는 여성들끼리 접촉이 상대적으로 많은 편에 속한다. 또한 중동 지역에서는 여성들보다는 남성들이 서로 더 자주 신체 접촉을 하는 편으로 나타났다.[135] 이런

---

134) 김정은, *op. cit.*, p.63.
135) 최윤희, *op. cit.*, p.59.

의미에서 접촉은 상대방과의 친밀도를 측정하는 바로미터인 셈이다.

　일본인들은 움직이지 않은 채 저항하지 않는 표정을 보이기 때문에 만원 지하철과 같은 장소에서 낯선 사람과의 신체 접촉에 보이는 반응이 미국인들과 유사한데, 미국인들보다는 사람이 많은 장소에서 더 잘 참는 것으로 나타났다.[136] 일본인들은 심지어 옆의 사람에게 기대어 졸기도 하는데, 이러한 모습은 한국의 지하철에서도 쉽게 목격하는 광경이기도 하다. 이러한 모습은 비록 신체 접촉을 기피하는 문화임에도 불구하고 상대방을 배려해 주는 공동체적 문화이기에 가능한 것이다.

　남미 문화권에서는 낯선 사람들과 북적댐과 서로 스치는 신체 접촉을 즐기거나 전혀 개의치 않기도 한다. 특히, 발리인은 축제가 열리는 장소에서는 붐비는 그 자체를 즐기기도 한다. 프랑스인, 멕시코인, 이탈리아인들은 낯선 사람들과의 불가피한 신체 접촉에 무관심하며 관대한 편이다.

　그런데 동일한 신체 접촉임에도 불구하고 문화와 전통에 따라 의미가 전혀 다른 경우가 있기 때문에 타 문화권 사역자들은 세심하게 주의해야 한다. 아시아 문화권에서는 남의 아이를 보고 귀엽다고 머리를 쓰다듬기도 하지만, 같은 문화권임에도 불구하고 불교 국가에서는 혼이 머무는 머리를 건드리면 혼을 잃어버린다고 믿고 있어 머리를 쓰다듬는 행동을 아주 불쾌하게 여기고 꺼린다.

　아시아 문화권에서는 어린 사내아이들을 귀엽게 여길 때에 아이들의 성기를 건드리거나 만져 주면서 잘생겼다고 대견해 한다. 그러

---

136) *Ibid.*

나 서구 문화권에서는 이러한 아시아 문화를 이해하지 못하기에 어린아이들에 대한 성추행으로 간주하여 경찰에 신고하는 사례가 있음을 유의해야 한다. 그러므로 비언어적 신체 접촉은 문화권마다 상당한 차이가 있으므로 여간 조심하지 않으면 안 되는 중요한 이유가 여기에 있다.

　신체 접촉 가운데 악수의 경우는 문화권마다 다양한 형태와 의미를 가지고 있다. 보통 타 문화권에서 자신을 소개한다든지 혹은 타인을 소개받는 경우, 서로에 대한 예의로 인사와 같은 의미로 행해지는 것이 악수와 같은 신체 접촉이다. 상대방의 손을 아플 정도로 꽉 쥐는 악수는 좀 더 열정적인 의미가 있고, 좀 더 좋아한다는 의미로 오래 잡고 있는 악수는 친밀감을 더해주기도 한다. 그러나 문화권에 따라 악수의 의미들이 차이가 있으므로 타 문화 사역자는 이를 신중하게 이해해야 한다.

　콜롬비아인과 일부 남미 문화권에 있는 사람들은 악수를 할 때에 손을 너무 오래 잡고 있는 경향이 있는데 이것은 친밀한 관계임을 서로 의미하기 때문이다. 그러나 이러한 문화를 이해하지 못하는 타 문화권 사람들은 당황할 수 있으며 자칫 오해를 불러일으키기 쉽다. 아랍 남자가 타 문화권에서 온 남자와 이야기하려 할 때는, 대화를 시작할 때에 악수를 하고 또 대화를 마치고 헤어지고자 일어설 때에 악수를 하며, 마지막 헤어질 때에 다시 악수를 하는 경향이 있다.[137]

　프랑스인, 인도인, 일본인은 미국인보다는 악수할 때에 상대방의 손을 느슨하게 쥐는 경향이 있는데, 미국 사회에서는 이러한 악수는

---

[137] 최윤희, *op. cit.*, p.63.

소극적이고, 무성의하고 나약하며, 때론 불친절한 요식 행위로 인사한다고 간주하기 때문에 유의해야 한다. 반면에 너무 꽉 쥐는 행위는 공격적인 의미로 오해를 불러일으킬 수도 있기 때문에 처음 대면하는 경우에는 적당하게 쥐는 것이 좋을 듯하다.

케냐, 브라질, 칠레 등의 서양 문화권에서는 남성이 여성에게 악수를 청하는 것은 자연스런 행위이나, 오랜 세월 계급주의적인 카스트 제도 아래 영향을 받아 온 인도에서는 여성의 프라이버시를 침해한다는 생각 때문에 남성이 여성에게 손을 내밀어 악수를 청하지 않는 경향이 있다.

이전에 한국에서는 동성 간, 특히 여성 친구들끼리 서로 손을 잡거나 팔짱을 끼고 거니는 모습을 자연스럽게 여기면서 우정의 모습으로 간주했다. 이러한 동성 간의 피부 접촉을 어떻게 생각하는지에 대해 한국인을 포함한 외국인 12명(한국인 3, 미국인 3, 네덜란드인 3, 캄보디아인 3)을 대상으로 한 김정은의 조사 결과에 따르면, 한국인 여성은 대체로 친한 관계로 보인다고 반응한 반면, 남성은 좀 거북하거나 이상하게 보인다는 반응을 보였으며, 미국인은 동성연애자라는 생각이 든다는 반응을 보였고, 네덜란드인은 여성의 경우 귀엽게 보이므로 거부감이 들지 않는다는 답변을, 캄보디아인은 처음에는 한국에 동성애자들이 많은 줄 알았는데, 시간이 지나면서 이해가 되어 이상하게 보이지 않는다고 답변하였다.[138]

이와 같은 조사 결과는 오늘날 동성애 문화가 만연해 있는 현대 문화 속에서, 동일한 신체 접촉도 문화 간뿐만 아니라 시대적 상황에 따라 그 의미가 전환됨을 유의해야 함을 알려준다.

---

138) 김정은, *op. cit.*, p.108.

또한 한국이나 일본인은 악수보다 머리를 숙이는 인사를 선호하지만, 악수를 할 경우 예의의 표시로 머리를 함께 조아리며 악수하거나 두 손을 함께 잡아 주는 악수를 통해 상대방을 존경하는 의미를 표현하곤 한다. 태국에서는 일부 서구화된 사람만 악수를 즐겨 하고, 전통적으로는 두 손을 모아 가슴까지 올려 기도하는 모습의 인사(WAI, 합장)를 더 선호하고 있다. 두 손을 더 높이 올릴수록(눈높이까지) 상대방에 대한 존경심이 높음을 의미하기도 한다. 인도에서도 이렇게 합장하는 인사를 더 선호하는데 전통의상을 입은 여성들 사이에서 자주 사용된다.

뉴질랜드 마오리족의 전통 인사법은 '홍이'라고 하는데, 우선 악수를 하고 손을 잡은 채로, "키오라!" 하면서 서로 마주 보며 코를 두 번 부딪친다. 그런데 주의할 점은 실수라도 해서 세 번 부딪치게 되면 그건 청혼의 의미가 있으니 상당한 주의를 요한다. 에스키모족들은 서로의 뺨을 마주치며 인사하고, 친한 경우에는 서로 마주 보며 코를 비빈다. 콜롬비아나 아르헨티나 등 중남미의 경우는 서로 껴안고 상대방의 등을 문지르면서 애정을 표현하기도 한다. 아프리카의 마사이족이나 일부 동부지역의 부족들은 상대방의 얼굴이나 발에 침을 뱉음으로 인사를 한다. 티베트족은 자신의 귀를 잡아 당기며 상대방을 향해 혀를 길게 내밀어 친밀감을 표현한다.

멕시코, 중앙아메리카, 남아메리카, 스페인 등에서 악수는 친근한 사이가 아닌 사람들 사이의 일반적인 인사법이며, 가까운 사람들끼리는 포옹(abrazo)을 더 선호한다.[139] 사우디아라비아는 친밀한 경우

---

139) *Ibid.*

악수를 한 후 양쪽 뺨에 키스를 한다. 중동 아랍 지역에서는 처음 만난 사람에게도 손을 내밀어 악수를 청하고 나서 길이나 집을 묻기도 하는데, 이때의 악수는 질문을 하기 위한 단순한 절차 정도로 이해할 수 있다. 그러나 친밀한 경우에는 포옹을 왼쪽 오른쪽을 번갈아 하며 서로 얼굴을 대거나 뺨을 맞추는 인사를 계속하기도 한다.

미국인들은 아주 가까운 사이가 아니면 대화가 시작되고 헤어질 때까지 신체 접촉이 거의 없는 편이며, 이와는 반대로 중동지역 같은 접촉 문화권에서는 접촉은 아주 일상적인 것이며, 특히 남성보다 여성들 사이에 더욱 빈번하게 이루어진다. 아르헨티나, 멕시코, 유럽에 거주하는 유대인들 사이에서 대화 중에 상대방의 옷자락을 붙들고 길게 이야기하는 경우가 눈에 띄는데, 여기에는 '당신은 내 친구며 내가 지금 하는 이야기를 들어보기 바란다'는 뜻이 담겨 있다.[140]

발룬드(Barnlund)가 동양 문화권과 서양 문화권의 대학생을 중심으로 조사한 연구 결과에 따르면, 동서양 문화권 모두 친밀한 관계에 있는 이성 친구와의 접촉 빈도수가 가장 많았고, 그다음에 어머니, 친한 동성 친구, 아버지 순으로 신체 접촉이 줄어들고 있음을 나타내고 있다.[141] 또한 여성이 남성보다 부모들과의 신체 접촉이 많았고, 서양 문화권이 동양 문화권보다 2배 이상 많은 신체 접촉을 하고 있다는 사실을 밝혀냈으며, 서양 문화권은 친한 이성 친구와의 신체 접촉에 위화감을 느끼지 않지만, 동양 문화권은 동성 친구와의 신체 접촉에 위화감을 느끼지 않는 것으로 나타났다. 이 조사에

---

140) *Ibid.*
141) Barlund D.C., *Public and Private self in Japan and the United States*, Toyoko: Simul Press, Inc., 1975. 김정은, *op.cit.*, p.64에서 재인용.

서 유의할 점은 신체 접촉의 정도와 빈도가 성별보다는 문화에 의한 영향을 더 많이 받는 것으로 설명하고 있다[142]는 사실이다.

저라드(Jourard)의 관찰에 의하면, 커피숍에서 성인 남녀 한 쌍이 시간당 접촉하는 횟수를 연구한 결과를 보면, 푸에트리코의 산 후안에서는 180회, 파리에서는 110회, 런던에서는 0회, 미국 플로리다에서는 2회로 나타났다.[143]

이처럼 문화권마다 접촉의 의미가 다르기 때문에 교차문화권 선교지에서는 우선 그 문화권의 배경과 특징을 주의 깊게 관찰하면서, 그 문화권에 거슬리는 행위를 삼가며 그 문화권에 적응하려는 노력을 해야 온전한 신뢰감과 함께 복음에 대한 접촉점을 이룰 수 있을 것이다.

---

142) *Ibid.*
143) Jourard, S., "An Exploratory Study of Body- Accessibility", *British Journal of Social and Clinical Psychology*, 1966, pp.221-231. 최윤희, *op. cit.*, p.65에서 재인용.

2.
프락세믹스(Proxemics, 공간언어학)

    비언어 커뮤니케이션의 중요한 요소 중 또 다른 부분 하나가 공간의 활용이다. 사람이 매일매일의 생활에서 공간을 구성하고 사용하고 있는 방식이 각기 다르게 나타나고 있기 때문이다. 인간은 사회적 동물이기에 사람들과의 대인 커뮤니케이션에 있어서 상대방과 유지하는 거리와 공간에 따라 자연스럽게 사회적 역학 관계의 의미를 내포하고 있다. 이에 따라 대인 커뮤니케이션 과정에 많은 영향을 미치고 있는 것이다. 이러한 공간이나 영역에 관련한 커뮤니케이션에 대한 연구를 '프락세믹스'(proxemics, 공간언어학)라 부른다. 공간에 대한 개념이나 공간을 이용하는 방법, 공간에 대한 감성적 반응 등 모든 것이 문화권마다 그 의미를 달리하고 있기에, 교차문화 선교를 위해서는 이 부분에 대한 선이해가 절대적으로 필요하다.

1) 대인 커뮤니케이션에 있어서의 공간과 영역

인간 활동은 비교적 작은 단위의 부족을 중심으로 시작하여 오늘날과 같은 다양한 문화권으로 점점 발달해 왔다. 원시 부족들은 수렵 생활에서부터 농업사회로 발전해 오면서 생활 영역에 대한 보호와 방어체계를 형성하게 되었고, 오늘날과 같이 산업사회에 이르기까지 다양한 영역 공간에 대한 공적인 방어체계와 암묵적인 영역 규칙들이 존재하기에 이르렀다.

가장 소단위로는 가족들의 영역 공간에서부터, 크게는 나라와 민족 간의 국가적인 영역 단위가 존재한다. 그러한 공간은 어떠한 형태로 상호 합의된 관계에 있어서는 공유가 가능하며 서로에게 안녕과 평화의 장소이지만, 상호 규약이 없는 자들에게는 방어기제로 작용하게 된다. 결국 공간의 확보는 새로운 형태의 의사 전달 기법이 되는 것이다.

헤디거(G. Hediger)에 따르면, 동물들도 자기 무리별로 자기들의 일정한 공간과 영역을 유지하며 이 공간을 침입하는 다른 동물들을 공격함으로 자기 영역을 보존한다고 한다.[144] 인간에게도 이와 유사하게 대인관계에서 일정한 거리와 공간을 사용함으로 자신의 의도를 드러내는 경향이 있음을 알게 된다.

대부분의 행동과학자들은 인간 사회에서의 영역권(territorial boundary)을 사회적으로 서로에게 유익한 상호작용으로 이해하기도 하지만, 어떤 부분에서는 사회적 갈등의 요인으로도 이해한다. 이것은 영역이 가지고 있는 커뮤니케이션 요소가 잠재해 있기 때문이다. 힘있고 권력이 있는 사람들은 가능한 한 더 넓은 영역을 차지하여

---

144) Hediger, G., *Study of the Psychology and Behavior of Captive Animals in Zoos and Circus*, 1955. 김정은, *op. cit.*, p.69. 재인용.

지배하려 든다.

알트먼(Altman)은 이러한 영역을 제1영역(primary territory), 제2영역(secondary territory), 공공영역(public territory)로 구분하여 설명한다.[145]

제1영역은 그 지역을 소유하고 있는 자의 고유 영역이다. 그러기에 이 영역은 자신의 허락이 없는 외부자로부터 침입받지 못하도록 철저하게 보호를 한다. 예를 들면, 개인의 집이나 침실, 사무실 등이 이 영역에 속한다고 볼 수 있다.

제2영역에는 의복, 지갑 같은 개인의 소유물이나 자녀와 같은 가족들이 속한다. 고프먼(Goffman)은 잡지, 텔레비전 수상기, 주방 도구와 같이 사람들이 잠시 소유할 수 있는 것까지를 포함한다.[146] 이러한 것들은 소유자의 영원한 전유물로 여겨지지 않기 때문에, 언제든 이러한 영역권을 놓고 상대방과 잦은 갈등을 유발할 수 있다. 예를 들어, 한 가족끼리라 할지라도 TV를 선점하려는 문제에 있어서 "오늘은 내가 좋아하는 드라마를 보아야 하겠는데…이 텔레비전은 네 것이 아니야" 하면서 서로가 자기 영역으로 취하려 하는 경향을 보이는 것이다.

공공영역은 공원, 해변, 거리, 버스나 지하철의 의자나 공중전화처럼 어느 누구나 선점하는 자가 일시적으로 취할 수 있는 영역이다. 예를 들어, 도서관에서 자리를 차지하여 공부하다가 장시간 자리를 비운 사이 다른 사람이 들어와 앉아 있을 시에는 대인관계의 갈등을 유발하게 된다. 이것은 일시적 공간 점유라는 공공 영역의 개념을 이해하지 못한 데서 오는 결과이다.

---

145) Altman, L., *The Environment and Social Behavior*, Monterey, C.A.: Books/Coke, 1975. 최윤희, *op. cit.*, pp.111-112 재인용.
146) Goffman, E., *Relations in Public*, N.Y.: Basic Books, 1971. 최윤희, *ibid*.

홀(Hall)은 이와 같은 인간의 공간 사용을 통한 의사소통을 '프락세믹스'(proxemics, 공간언어학)로 명명하며, 대인 거리와 의사소통의 관계를 다음 네 가지 유형으로 나누어 그의 공간 이론을 설명하고 있다.[147]

구분	좁은 지역	넓은 지역
근접 공간 (Intimate Distance)	4–5인치	6–8인치
개인 공간 (Personal Distance)	1.5–2.5피트	2.5–4피트
사회 공간 (Social Distance)	4–7피트	7–12피트
공공 공간 (Public Distance)	12–25피트	25피트 이상

〈도표 4.2.1〉 홀(Hall)의 공간 구분표

위 도표에서 보는 바와 같이 근접 공간은 보통 개인적으로 상대방을 만날 때 유지하는 거리인데, 친밀한 사람들이 접촉할 때와 그렇지 못한 자와 만날 때 유지하는 공간의 차이가 드러난다. 근접 공간이 좁을 때일수록 사랑하거나 돈독한 관계인데, 주로 사랑하는 사람들의 접촉 공간이라 말할 수 있다.

예를 들어, 서로 사랑하는 애인의 관계나 혹은 부모들에게 매달리는 어린이의 경우를 생각해 보라. 그들은 일정한 거리를 두지 않고 가장 가까이 다가오는 경향을 보인다. 반면, 별로 사랑하지 않는 사람이나 약간 거부감을 느끼는 사람이 근접 공간으로 다가올 때에는 일정한 부담감이나 불안감을 주게 되는 것이다.

---

147) Edward T. Hall, *The Hidden Dimension*, Garden City, N.Y.: Doubleday, 1969, pp.117-125.

개인 공간 가운데에서 좁은 지역은 상대방의 손을 쉽게 잡을 수 있는 충분한 거리이다. 이 거리는 주로 연인 관계에서 유지하는 거리인데, 다른 사람이 이 공간에 침투하게 되면 즉시로 오해를 유발할 수 있는 거리이기에 처음 만나는 사람들과는 일정한 거리를 유지하는 것이 좋다.

그러나 같은 거리라 할지라도 사교 모임에서는 달라질 수 있다. 이 경우는 특별한 친목 관계를 용인하게 되어 있는 사회적 합의가 전제되어 있기에 개인 공간보다는 근접 공간이 우위를 차지하는 것으로 보인다. 개인 공간의 넓은 경우를 2.5피트에서 4피트로 잡은 것은 육체적 지배 관계라고 부르고 있는데, 이 거리에서는 상대방과 쉽사리 접촉할 수 없으므로 어떠한 접촉에도 특정한 프라이버시(privacy)를 허용해야 하며, 그러면서도 두 사람이 대화를 나누기에는 충분한 가까운 거리이다.

선교 현장에서는 이 거리가 좁은 개인 공간으로 다가가는 경향이 있다. 가급적 가깝게 원탁에 앉아서 대화하게 되면, '나는 여러분과 보다 친밀한 관계를 원한다'는 의미를 전달해 주는 효과가 있다.

사회 공간에도 좁은 지역과 넓은 지역이 있는데, 좁은 사회 공간은 일반적인 권력의 형태를 드러내는데, 주로 직장 상사들과 일반 직원들이 이 공간 거리를 유지한다. 예를 들어, 자리에 앉아 있는 직원들 옆에 일정한 거리를 두고 서서 내려다볼 때 윗상사는 더욱 위엄있고 권위 있는 위치로 여겨진다. 그 거리에 서서 대화할 때에는 '나는 너희의 상사이며 너희들은 나를 위해 순종해야 한다'는 것을 암묵적으로 전달하고 있는 것이다.

공적 공간은 사람들의 영토 유대가 가장 멀리 확장되는 거리를 의미하는데 여기에서도 좁고 넓은 지역적 차이가 드러나며, 이때의 거리는 상호간의 관계에 의해 설정된다. 공적 공간의 좁은 지역은 12-25피트로서 주로 교실에서 교사가 학생들을 상대로 강의하는 거리 혹은 단체의 장이 직원들 앞에서 교육을 하는 경우에 속한다고 볼 수 있다. 25피트 이상의 넓은 공간은 대개 정치가들이 연설할 때에 설정되는 거리이다.

이러한 대인 거리 유형에 따른 목소리의 변화와 의사소통의 유형 역시 달라지게 되는데, 홀의 연구에 의하면, 대인 거리와 의사소통 관계를 아래 〈도표 4.2.2〉와 같이 여덟 가지 유형으로 분류하고 있다.[148]

대인 거리 유형	목소리 변화	의사소통 유형
아주 밀접한 거리 (3-6인치)	나직한 속삭임	일급 비밀
밀접한 거리 (8-12인치)	들릴 만한 속삭임	중요한 비밀
가까운 거리 (12-20인치)	실내의 나직한 목소리 실외의 분명한 목소리	비밀
중간 거리 (20-36인치)	나직한 목소리 낮은 음량	사적인 화제
약간 먼 거리 (4.5-5피트)	분명한 목소리	비 사적인 정보
공적인 거리 (5.5-6피트)	다소 큰 분명한 목소리	여러 사람에게 전달하는 공적인 정보
먼 거리 (8-20피트)	큰 목소리	청중을 향한 목소리
가장 먼 거리 (실내: 20-24피트/ 실외: 100피트까지)	환호하는 소리	전송

〈도표 4.2.2〉 홀(Hall)의 인간관계에 따른 대인 거리 vs 목소리 vs 의사소통 유형

이처럼 공간과 거리는 대인 커뮤니케이션에서 아주 밀접한 관계

---

148) Hall, *op. cit.*

에 놓여 있음을 엿보게 된다. 그러므로 목소리의 변화에도 세심한 관심을 기울여 깊은 의도를 이해하고 거기에 합당한 문화적 반응을 창출해 내려는 노력이 필요하다.

2) 문화권에 따른 공간과 영역

그렇다면 이미 살펴본 대로 "홀의 이러한 개인 공간 거리에 따른 대인 커뮤니케이션의 모습은 타 문화권에서도 보편적일까?" 하는 것이 문제이다. 우선, 홀의 연구는 미국 사람들을 대상으로 조사된 것이어서 문화권에 따라 대인 거리가 다를 수 있음을 염두에 두어야 한다. 특히 고맥락 문화권과 저맥락 문화권에서는 현저한 차이가 나타남을 염두에 두어야 한다.

거디쿤스트와 팅 투미(Gudykunst & Ting-Toomy)의 연구 조사에 따르면, 동양 문화권의 대인 거리는 홀이 제시한 것보다 훨씬 길고 라틴 아메리카, 아프리카, 흑인계 미국인, 인도네시아, 남유럽(프랑스)에서는 홀이 제시한 거리보다 짧다는 것을 밝히고 있다.[149] 예를 들어, 대인 거리가 보편적으로 긴 고맥락 동양 문화권에서는 붐비는 지하철 안에서 신문이나 책을 읽거나 음악을 들으면서 타인과 거의 시선을 마주치지 않으려고 일정한 거리를 유지함으로 자기 공간을 지키는 경향이 있다.

또한 미국인은 라틴 아메리카 문화권 사람들과 대화할 경우 라틴 아메리카 사람이 다가설 때마다 뒤로 조금씩 물러서다가 복도 끝까지 다다르게 되는 현상을 보게 된다. 이러한 현상이 생기는 이유는, 미국인은 대화하기에 편하도록 상대방과의 일정한 거리를 유지하려는 경향이 있지만 라틴 아메리카 사람들은 같은 이유로 상대방과의

---

149) W.B. Gudykunst & Ting-Toomy, *Culture and Interpersonal Communication*, CA: Sage Publication, 1988. 김정은, *op. cit.*, pp.69-70 재인용.

거리를 좁히려고 무의식적으로 의도하기 때문이다.[150]

따라서 대인 거리의 의미가 문화권마다 다르다는 사실을 인지하지 못하면, 대인 거리가 상대적으로 가까운 중동이나 라틴 아메리카 문화권의 사람들은 미국이나 동양인들에 대해 좀 건방지고 냉정하게 자신을 대한다는 불필요한 오해가 발생하게 되며, 반대로 대인 거리가 이들보다 먼 문화권의 사람들은 오히려 가깝게 다가오는 그들을 향해 불쾌하게 생각하거나 부담을 느끼게 되어 관계가 오히려 멀어질 수 있음을 이해해야 한다.

이러한 문화권마다 각기 다른 공간 거리의 허용이 자칫 교차문화권에서의 의사소통에 상당한 어려움을 야기한다. 이러한 예상치 않은 공간 침범에 대해 칼리 도드(Carley H. Dodd)는 아래의 〈도표 4.2.3〉으로 설명하고 있다.[151]

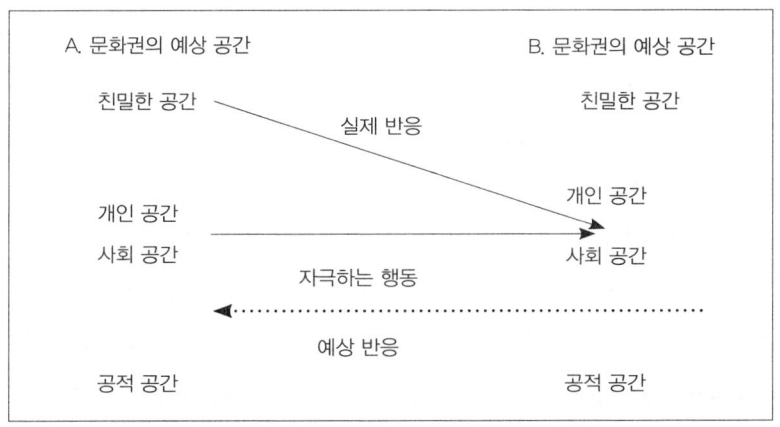

〈도표 4.2.3〉 칼리 도드(Carley Dodd)의 평행, 비평행 개인 공간 영역 사이의 상호 반응 모델

---

150) 김정은, *op. cit.*, pp.70-71.
151) Carley Dodd, *op. cit.*, pp.238-239.

A문화권의 사람이 사회 공간의 거리를 유지하며 B문화권의 사람을 대할 때에 실제로 B문화권의 사람은 사회 공간보다 친밀한 공간으로 반응할 수 있다는 것이다. 상기한 대로 북미인들은 보통 개인 공간 혹은 사회 공간을 선호하는 반면에, 많은 중동인들과 라틴 아메리카인들은 좀 더 친밀한 공간을 선호하는 경향이 있기 때문에 발생하는 의미의 차이와 상호 반응은 서로 다를 수밖에 없는 것이다.

이러한 예상치 못한 공간의 침범은 〈도표 4.2.3〉에서 나타나는 대로 개인적 공간 영역 사이의 상호 교류의 모델로 표현된다.

어느 문화의 A라는 사람이 사회 공간 내에서 대화하고자 기대한다면 적절한 거리와 행동이 이미 시작된다. 그 반응으로 그 사람은 사회적 관계를 주고받기를 기대한다.

그러나 상대 문화의 B라는 사람은 친밀한 공간에서 대화하기를 기대하기에, A라는 사람과의 거리를 더 좁히려고 무의식적으로 다가서는 것이다. 사람들은 상대방이 기대한 방식으로 움직이지 않을 때에 나란히 서거나 일치한다는 것을 전달하기 위해 비언어적으로 협상하거나 적응하려고 노력하며 상대방에게 가까이 가는 노력을 보이게 된다. 그럴 때에 문화권이 다른 상대방은 불쾌하거나 당황하는 반응을 보여 상대방과의 커뮤니케이션 결렬현상에 이르게 된다.

학자들은 바로 이러한 문화적 공간 차이를 '접촉 문화'(contact culture)와 '비접촉 문화'(non-contact culture)로 나누어 설명하는데, 접촉 문화권으로는 중동의 아랍 문화권, 남미, 남부 유럽인들을 들며, 비접촉 문화권으로는 아시아, 인도, 파키스탄, 북유럽, 미국 문화권을 들고 있다.[152]

---

152) 최윤희, *op. cit.*, p.115.

이러한 관점에서 왓슨과 그레이브스(Watson & Gravies)는 아랍 학생들과 미국 학생들이 서로 대화할 때의 모습을 비교하면서 아래와 같은 차이점을 발견해 냈다.[153]

① 아랍 학생들은 미국 학생들에 비해 서로 좀 더 정면으로 마주 보고 선다.
② 아랍 학생들은 미국 학생들에 비해 좀 더 근접하여 움직인다.
③ 아랍 학생들은 미국 학생에 비해 상대방을 좀 더 많이 만지는 행위를 보인다.

물론 접촉 문화와 비접촉 문화권 사람들의 상호작용 행위를 비교한 연구에서 많은 차이점을 확인시켜 주지만, 서로 상대방과의 관계나 논의하고 있는 주제, 상호작용 당시의 감성 및 기타 요인들로 인하여 문화적 거리나 규범들은 종종 깨지기도 한다.

이처럼 대인 거리와 영역권은 문화권과 상대방과의 친밀도에 의해 허용 범위가 각기 다르므로, 그 범위를 침범하면 불쾌감을 주고 불필요한 오해를 유발할 수 있기 때문에, 우선 교차문화권에 진입했을 때는 자신에게 익숙한 자문화권의 공간 거리를 유지하기보다는 현지 문화권에서의 개인 관계에 나타나는 공간 거리 유지를 유의 깊게 살펴서 자연스럽게 익혀 가는 것이 필요하다. 그렇지 않으면 자칫 의도하지 않은 커뮤니케이션의 결렬현상을 맛보게 될 위험에 처하게 되는 것이다.

---

153) Watson, O. & Graves, T., "Quantitative Research in Proxemic Behavior", *American Anthropologist* 67, 1966, pp.971-985.

4장 비언어적 커뮤니케이션의 다양한 유형들

3) 리더십과 권력에 따른 공간 점유 형태

어느 문화권이든 소집단 구성원들이 앉아 있는 형태와 공간 활용을 면밀하게 살펴보면, 나름대로 권력 형태의 모습을 반영하고 있음을 알게 된다. 마음대로 앉아 있는 것 같지만 공간을 차지하는 위치나 형태를 통해 다양한 의미들을 이해하게 된다. 비근한 예로, 가르치는 교사가 학생들 뒤에 있는 경우는 거의 없다. 맨 앞의 한가운데 자리하는 것이 보통의 상황이다. 이처럼 공간 점유를 통해 지배 권력이나 리더십의 향방을 이해하게 된다.

집안에서의 가장이나 일반적인 직장에서의 상사는 주로 테이블의 가장 위쪽 중앙에 위치하여 구성원을 인도하고 감독하고 지시하는 사람이란 것을 공간을 통해 간접적으로 시사해 주고 있는 것이다. 이러한 경향은 어느 문화권에서도 비슷한 형태로 드러난다. 어느 부족을 막론하고 부족을 대표하는 리더는 항상 가장 높은 곳 정중앙에 위치해 있다. 이것은 공간을 통한 권력의 형태를 암시해 주는 커뮤니케이션의 중요한 요소라는 사실을 입증한다.

더불어 공간의 위치는 개개인의 성격을 반영하는 것으로 나타났다. 내성적인 성격의 사람과 외향적인 성격의 사람은 앉는 위치에도 편향적인 것이 드러난다. 즉, 외향적인 사람들은 테이블의 정중앙에 앉는다거나 맞은편 지역을 선호하지만, 내성적이거나 소극적인 사람은 일반적으로 시각적으로나 공간적으로 남과 거리를 두고 앉기 위해 테이블의 귀퉁이를 선호하는 경향을 보인다.[154] 사진을 촬영할 경우에도 주로 권력형 주인공들이 중앙에 위치할 때에, 외향적이고 적극적인 사람들은 주인공 주변으로 모이는 경향을 보이며, 그렇지

---

154) Cook, M., "Experiments on Orientation and Proxemics", *Human Relations* 23, 1976, pp.61-76.

않은 사람들은 주로 변두리에 위치하는 경향을 보인다. 이러한 경향은 단체 모임이나 혹은 국가 간의 회담에서도 확연히 드러난다. 주요 인사들이 중앙 주변으로 모여 있음에 비해 보조적인 역할을 하는 자들은 주변 가장자리에 위치하는 경향을 보인다.

    그러므로 공간의 위치 이용이, 문화와 권력의 향방, 리더십과 개인의 성격 차이들을 복합적으로 암시하고 있으므로, 교차문화 선교 사역을 위해서는 이러한 공간과 영역에 대한 기본적인 문화 간, 종족 간, 개인 간의 이해를 바탕으로 집단 혹은 대인 커뮤니케이션을 개발해 나가야 할 것이다.

3.
크로네믹스(Chronemics, 시간언어학)

    시간은 단순히 우리에게 절기와 날짜, 분, 초를 전달해 주는 정보적인 의미가 아니라, 시간에 대한 문화권마다의 개념 차이와 시간을 사용하는 방식에 따른 여러 의미들을 전달해 주는 요소가 된다. 시간에 대한 개념은 문화권에 따라 인지하는 방법과 유형들이 다르기 때문에 이에 대한 이해가 선행되지 않으면 교차문화권에서의 의사소통에 막대한 장애를 경험하게 된다. 이처럼 시간과 관련된 다양한 문화 간 의사소통에 대한 연구를 '크로네믹스(chronemics, 시간언어학)'라고 부른다.
    예를 들어, 상대방과의 약속 시간을 지키는 다양한 상황들이 발생하게 되는데, 이를 통해 시간 개념에 대해 개인이나 문화권마다 차이가 있음을 경험하게 된다. 그런 의미에서 시간은 또 다른 언어이며, 모든 활동의 조직자가 되고, 종합자와 통괄자가 되며, 우선권을 결정하고 경험을 분류하는 방법으로서 일이 제대로 돌아가도록 만드는 피드백 기제(feedback mechanism)로서 능력과 노력, 성과를 판단하는 척도로 취급되는 것이다. 뿐만 아니라 사람들이 실제로 어느 정도 서로를 잘 이해하고 지낼 수 있는지를 드러내는 특별한 의사소통 체계로서 역할을 하고 있다.[155]

이에 에드워드 홀(Edward T. Hall)은 시간을 문화적, 사회적, 개인적 생활의 핵심 체계로 이해한다. 그 이유는 모든 일들은 시간 체계의 틀 안에서 일어나기 때문이다.

시간과 관련하여 특별한 것은, 누구를 만나서 어떤 방식의 의사소통을 하느냐에 따라 시간이 주는 의미가 전혀 달라질 수 있다는 것이다. 단지 몇 분을 얘기해도 지루하거나 속히 헤어지고 싶다는 느낌을 주는 경우도 있지만, 오랜 시간을 얘기해도 짧게 느껴지며 좀 더 오래 대화하고 싶은 경우가 있다는 것이다. 그러므로 시간과 관련한 커뮤니케이션의 효용성은 이루 말할 수가 없다.

시간과 관련하여 또 다른 특별한 점은, 만남의 과정에서 모든 시간이 똑같은 비중을 가지는 것이 아니라는 점이다. 정신분석학자들이나 심리학자들은 첫인상을 결정하는 것은 만나서 적어도 2-4분 이내에 이루어진다고 한다.[156] 그러므로 이렇게 짧은 시간에는 언어적인 의사소통보다 비언어적인 의사소통이 대인 커뮤니케이션에서 결정적인 역할을 하는 것이다.

---

155) Edward T. Hall, 《생명의 춤: 시간의 또 다른 차원》(The Dance of Life: The Other Dimension of Time), 최효선 역, 서울: 한길사, 2009, pp.21-22.
156) 구현정·전영옥, 《의사소통의 기법》, 서울: 도서출판 박이정, 2013, p.79.

1) 사회심리학적 시간 이해

각 문화마다 역사적인 관습과 습관에 의해 형성된 사회문화적인 특성에 따라 시간에 대한 개념 또한 차이를 보인다. 이는 주로 세 가지 유형으로 존재하는데, 과거 지향적인 사회, 현재 지향적인 사회, 미래 지향적인 사회의 유형이다.

과거 지향적인 사회 또는 문화는 주로 역사와 전통을 중시하는 문화이다. 예를 들어, 한국이나 중국은 역사와 전통을 중시하는 사회이다. 특히 유교적 영향권에 의해 조상들이나 과거의 전통에 대해 상당한 자부심과 권위를 가지고 있다. 미국에 비해 영국의 경우도 그렇다. 영국인들을 비롯한 유럽인들은 전통을 중시하는 경향을 보인다. 이에 비해 미국인들은 전통보다는 현실에 더 집중하며 미래 지향적인 모습을 견지하고 있다.

미국인이나 영국인들과는 달리 남미인, 필리핀인, 멕시코인들은 현재 지향적인 문화적 특성을 가지고 있다. 그래서 과거와 미래보다는 오늘이 더 중요하게 여겨지기에 '오늘을 즐겨라!'는 의미의 시간 관념을 가지고 있다.

이에 반하여 미래 지향적인 사회는 영국계 미국인들에게 가장 두드러지게 나타나는 현상이다. 이들은 단지 오늘을 위해 일하거나 살지 않고 좀 더 밝은 미래를 대비하며 사는 사회풍토를 가지고 있다. 그래서 이러한 사회에서는 먼 미래를 내다보는 사고력, 미래를 대비한 복지 프로그램들이 활성화되어 있다. 같은 시간대에 살고 있으면서도 미래에 대한 비전으로 가득한 인식의 작용으로 인해 미래에 대한 느낌과 태도가 강조되고 있는 사회이다.[157]

---

[157] M. Daltry, & P. Langer, "Development and Evaluation of a Measure of Future Time Perspective", *Perceptual and Motor Skills 58*, 1974, pp.719-725.

이처럼 다양한 사회문화적 혹은 역사적 배경을 가진 이들의 시간에 대한 다양한 개념 차이가 커뮤니케이션의 행위를 다양하게 만들 수 있다. 그렇지만 상이한 문화권에 대한 역사적 배경과 규칙을 이해하고 접근한다면, 오히려 역으로 친근감과 신뢰성을 쌓을 수 있기에 비언어적 커뮤니케이션의 잠재력을 극대화할 수도 있을 것이다.

2) 문화인류학적 시간 이해

때때로 교차문화 간 의사소통의 복잡한 문제들은 문화마다 독특한 패턴을 지닌 고유한 시간의 틀을 가지고 있기 때문에, 이러한 시간의 개념과 의미를 이해하지 못하고서는 온전한 커뮤니케이션을 이룰 수 없다. 그러기에 현지 문화에 대한 언어 습득 못지않게 시간 언어를 배우는 것이 절대적으로 필요하다고 볼 수 있다.

에드워드 홀은, 시간에 대한 개념은 문화권에 따라 인지하는 방법과 시간 이용 유형이 다르다고 설명하면서, 문화권에 따른 시간 체계를 다음의 세 가지로 설명하고 있다.[158]

첫째는, 기술적인 시간(technical time)이다.

이것은 일, 시, 분, 초로 계산되는 과학적인 시간이다. 이 시간은 세계 만국이 통상적으로 합의하여 이해하고 있는 시간대이며, 논리적이고 비감성적이므로 의사소통에 있어서 문화권에 따른 차이를 보이지 않는다. 예를 들어, 여행 일자와 시간대에 맞춘 스케줄이나 일정 등은 어느 문화권에서든지 동일한 의미로 통용이 되고 있다.

둘째는, 공식적인 시간(formal time)이다.

---

158) Edward T. Hall, 《침묵의 언어》(*The Silent Language*), 최효선 역, 서울: 한길사, 2009, pp.197-222.

이 시간은 문화권에 따른 이해와 인식을 바탕으로 구성되는 시간이다. 즉, 문화권에 따라 시간을 인지하는 방식에 따른 시간을 의미한다. 예를 들어, 오늘날 통상적으로 '하루'(day)라는 날의 시간 개념을 아침에 해가 떠서 저무는 저녁까지의 시간대로 규정하고 있지만, 고대 유대 문화권에서는 창세기 1장에 기초하여 해가 진 저녁부터 그다음 날 저녁까지로 간주하는 시간대로 하고 있다. 어떤 문화권에서는 시간의 개념을 계절 변화를 알리는 자연 현상을 중심으로 이해하기도 한다.

공식적인 시간을 구별하는 요소로 순서, 주기성, 가치 평가, 실체성, 통합성 등이 있다. 일의 순서는 예를 들어 한 주가 7일로 구성되며, 이 7일은 정해진 순서로 구성됨을 의미하고, 시간과 관련된 일은 주기라는 속성을 지니는데, 분과 초는 60 단위로, 주는 7일 단위로, 한 해는 12주기를 단위로 구성됨을 뜻한다. 가치 평가는 시간은 값진 것이므로 결코 낭비해서는 안 된다는 태도에서 나타난다. 실체성은 시간을 하나의 상품으로 간주하여 사고, 팔고, 쓰고, 낭비하고, 잃어버리고, 보상하고, 잴 수 있는 것으로 판단한다. 시간의 통합성은 시간이란 작은 단위가 통합되어 큰 단위를 이룬다는 의미로, 시간 체계를 통합성의 측면에서 고려하지 않는 문화권의 사람과 상호소통을 해야 할 때에 일반적으로 어려움을 겪게 되는 것이다.

셋째는, 비공식적인 시간(informal time)이다.

이것은 교차문화권에서 가장 유의해야 할 시간 개념인데, 상황이나 관습에 따라 달라지는 특성에 바탕을 둔 것이어서 다양한 환경만큼 측정되는 시간의 의미도 다양할 수밖에 없기에, 교차문화권 의사소통에서 가장 이해하기 힘든 부분 중의 하나이다. 예를 들어, "잠깐만 기다려 주세요"라는 의미를 어느 정도의 시간대로 이해해야 할지 몰라 당황하게 되는 경우가 많이 있다. '잠깐'을 문자 그대로 '몇 분' 정도로 이해하는 문화권이 있는가 하면, 30분 내지 1시간대로 이해할 수도 있고, 어느 문화권에서는 하루이틀의 시간대를 의미하기보다는 아예 어느 문제가 충족되거나 해결될 때까지의 경우로, 사실상은 완곡한 거절의 의미로 말하는 경우도 있다.

약속 시간에 대한 2분 정도의 양해 가능한 비공식적 시간 개념을 가지고 있는 미국인의 경우는 3분에서 5분까지도 큰 실례가 될 수 있는 데 반하여, 비공식적인 시간으로 1시간대를 가지고 있는 문화권과의 의사소통 시 엄청난 결과를 가져올 수 있다. 실제로 어떤 나라에 부임한 미국 대사가 그 나라 외교관들이 방문할 때 비공식적으로 사용하는 시간의 의미를 잘못 해석하여 크게 실망한 실례가 있다.[159]

그들의 문화권에서는 낮 시간 공식 방문의 경우 1시간 늦는 것은 미국인들에게는 5분 정도의 지각에 해당하며, 50분에서 55분은 4분 정도에, 45분은 3분 정도에 해당하기에, 그 나라 외교관들은 제 시간에 정확하게 도착하는 것을 꺼리는 경향이 있었다. 그들에게는 시간을 엄수하는 것이 미국에 대한 자신들의 행동의 자유를 포기하는 모습으로 해석될 수 있었기 때문이다.

그렇지만 모욕감을 줄 의도가 아니었으므로 1시간 정도는 심할지도 모른다고 생각하고 50분 정도에 맞추어서 도착한 것이다. 그 모습을 본 미국 대사는 크게 실망한 낯으로 "약속 시간에 1시간이나 늦고도 정중한 사과는커녕 머뭇거리기만 하는 자들을 어떻게 믿을 수 있겠는가?"[160] 하면서 불만을 표출하였다. 미국인의 경우, 50-55

---

159) Edward T. Hall, 《침묵의 언어》, op. cit., p.210.
160) Ibid.

분의 지각은 상대방을 무시하거나 모욕을 줄 수 있는 충분한 비공식적 시간대였기 때문이다.

동부 지중해의 아라비아 사람들 역시 미국인들과의 비공식적인 시간을 구분하는 방법이 현저히 다름을 알 수 있다. 미국 사람들은 주로 비공식 시간대를 정각, 5분, 10분, 15분, 20분, 30분, 45분, 1시간 전후로 8개 시점으로 구분하는 데 비해, 그들의 시점은 3개로 정해지지 않은 시간, 다양한 기간의 지금 현재 시간, 아주 긴 영원의 시간으로 구분한다.

아라비아 사람들에게 오래 기다리는 것과 아주 오래 기다리는 것의 차이를 느끼도록 하는 것은 거의 불가능해 보인다. 그래서 그들은 시간적으로 그러한 구별을 아예 하지 않는 경향이 있다. 그러므로 이들과의 약속은 좀 더 명확하고 구체적인 테크니컬 시간대(technical time concept)로 하는 것이 신뢰성을 위해 보다 효과적이라고 볼 수 있다. 셔우드 링겐펠터(Sherwood G. Lingenfelter)와 메이어스(Marvin K. Mayers)는 각 문화권의 지각의 개념에 따른 긴장 관계를 아래 〈도표 4.3.1〉과 같이 비교하여 요약한다.[161]

	용인되는 지각	긴장	적개심
에프족	2시간	3시간	4시간
남미인	1/2시간	1시간	2시간
북미인	5분	15분	1/2시간

〈도표 4.3.1〉 셔우드 링겐펠터(Sherwood G. Lingenfelter)와
마이어스(Marvin K. Mayers)의 지각의 개념

---

161) Sherwood G. Lingenfelter & Marvin K. Mayers, 《문화적 갈등과 사역: 인간 관계와 성육신》 (Ministering Cross- Culturally: An Incarnational Model for Personal Relationship), op. cit., p.37.

나바호 인디언, 트루크족, 동부 지중해의 아라비아, 일본, 인도의 문화권에서는 가만히 앉아 있는 것(좌선)도 무언가를 행하고 있는 것으로 간주한다. 즉 '움직임이 있는가, 아닌가?'로 행위의 기준을 삼지 않는다.

이처럼 문화에는 활동적 문화와 비활동적 문화가 있는데, '뒤떨어지는' 상황과 관련된 문제를 다루는 과정에서 무언가를 하고 안 하고의 차이를 두지 않는 문화는 비활동적인 문화이다.[162]

이에 반해 미국인들은 저절로 앞서갈 수 없으며 전진하기 위해서는 뭔가를 행해야 한다고 생각하지만, 비활동적 문화권에서는 침묵 또한 또 하나의 시간 언어인 셈이다. 특히, 인도나 중국, 한국, 일본 등 고맥락 문화권에서는 침묵이 가지고 있는 다양한 의미가 있다. 미국을 중심으로 하는 저맥락 문화권에서는 '예'와 '아니오'가 분명하지만, 고맥락 문화권에서는 이러한 즉각적인 반응을 예의 바르지 못한 행위로 간주하여 침묵으로 대처하는 경향이 있다. 이런 때에는 '좀 더 생각해 보겠다'는 완곡한 거절의 의미를 함축하고 있다. 그러기에 이러한 문화적 맥락과 시간의 개념은 문화권마다 상당한 의미의 차이를 유발하므로, 교차문화권 사역자들은 이에 대한 사려 깊은 이해와 신중한 접근이 필요한 것이다.

미국인과 독일인은 시간 위주의 문화권(time-oriented culture)에 속하는 반면에, 라틴 아메리카나 에프인들은 행사 위주 문화권(task-oriented culture)에 속한다. 행사 위주의 문화권에서는 시간의 양에 관계없이 행사가 잘 마무리되고 성공적으로 완수되었는지의 여부에 최대한 관심을 갖는 반면에, 시간 위주의 사람들은 시간대를 중심

---

162) *Ibid.*, p.213.

으로 살아가기 때문에 약속된 시간의 엄수, 연장된 시간의 분량, 주어진 시간의 선용 등에 엄청난 의미를 내포하고 있다. 그러므로 문화권마다 다른 성향에 대한 이해가 전제되지 않는 한 자칫 본인의 의사와 전혀 다른 오해를 유발하여 복음 커뮤니케이션의 신뢰성을 상실할 수 있으며, 커뮤니케이션의 심각한 결렬현상을 체험하게 될 것이다.

특히, 자민족주의적 개념에 익숙한 사역자들에게 있어서, 이러한 시간 위주 성향과 행사 위주 성향에 대한 문화권의 차이를 사전 이해하는 것은 필수적이라 할 수 있다. 시간 성향과 행사 성향의 관심과 의미의 차이에 대해 셔우드 링겐펠터(Sherwood G. Lingenfelter)와 마빈 메이어스(Marvin K. Mayers)는 다음의 〈도표 4.3.2〉로 요약하여 설명한다.[163]

시간 성향	행사 성향
1. 시간 엄수와 시간의 양에 대해 관심이 큼	1. 시간이 얼마나 걸리든 상관없이 행사에 관심을 가짐
2. 될 수 있는 대로 시간 한도 내에서 최고를 완성하기 위해 시간을 세심하게 할당함	2. 문제가 해결될 때까지 철저하게 심사 숙고함
3. 일정이 잘 짜여진 목표 성향적인 활동	3. 일정에 얽매이지 않는 '개방적인' 태도
4. 효율적인 시간 사용을 위한 자극제로서 보상을 함	4. 행사를 치르는 것 자체를 보상으로 여김
5. 날짜와 역사를 강조함	5. 과거나 미래보다 현재의 경험을 강조함

〈도표 4.3.2〉 셔우드 링겐펠터와 마빈 메이어스의 시간 성향과 행사 성향 비교표

---

163) Sherwood G. Lingenfelter & Marvin K. Mayers, op. cit., p.40.

그러므로 교차문화 선교 사역자들은 현지 문화의 시간에 대한 이해를 우선적으로 파악하여, 그 문화적 성향을 이해한 후에 복음 전파의 과업 수행에 효과적인 시간 활용에 대한 접촉점을 형성해 나가는 것이 필요하다.

3) 단일시간 개념(Monochronism)과 복합시간 개념(Polychronism)

에드워드 홀은 문화권에 따른 비공식적인 시간 체계를 이해하기 위해 단일시간 개념(monochrononism)과 복합시간 개념(polychronism)이라는 시간 인식 방법을 제안하였다.[164] 단일시간 개념이란 일정한 시간대에 한 가지 행동을 하는 것을 의미하며, 그 계획된 행위를 마치고 다른 일들을 행하는 것을 의미한다.

예를 들어, 어떤 사람과 약속을 했다면 우선 그 시간대에서는 그 사람과의 예정된 일에 우선순위를 두고 행한다. 만일 동일한 시간대에 혹 다른 사람이 "잠깐만요!" 하고 끼어들려고 해도 긴급한 상황이 아니고서는 결코 여타의 다른 업무가 끼어들도록 허용하지 않는다. 그 예정된 만남을 마치고 나서야 비로소 다른 일을 진행할 수 있도록 허용하는 것이다. 이러한 단일시간 개념 문화권으로는 미국을 비롯하여 스위스, 독일, 북유럽의 대부분의 나라를 들 수 있다.

그러므로 이러한 단일시간 개념 문화권에서 한 개인이 약속 시간에 사무실을 방문했을 때, 그 사람이 자신을 만나는 일 외에도 수시로 다른 용무를 본다면, 방문자는 자신에 대한 홀대로 여기며 불쾌하게 생각할 수 있다. 바로 이 점에서 대인 커뮤니케이션의 신뢰성을 상실하게 되는 것이다. 왜냐하면 이 문화권에서는 우선 한 가지 일

---

164) Edward T. Hall, *Beyond Culture*, Anchor Press/Doubleday, 1976, pp.17-20, 150-151.

을 전념하여 마치고 나서 다른 용무를 보는 것을 원칙으로 하는 단일시간 개념에 속한 문화권이기 때문이다.

반면에 복합시간 개념이란 동일 시간대에서 여러 가지 다양한 일을 동시적으로 수행하는 시간 개념이다. 예를 들어, 어느 사람하고 대화를 하는 도중이라 할지라도 얼마든지 다른 사람이 끼어들어 함께 대화하는 것을 허용하는 시간 개념이다. 이러한 문화권으로는 남유럽, 아랍 국가, 라틴 아메리카, 그리스가 대표적이다.

한국도 상황에 따라서는 복합시간 개념 문화권에 속한다고 말할 수 있다.[165] 예를 들어, 물건을 사기 위해 동네에 있는 구멍가게를 들러 보면 쉽게 이해할 수 있다. 가게 주인 한 사람이 동시에 여러 명을 상대하여 물건을 파는 것을 볼 수 있다. 돈을 계산해 주다가도 누가 물건에 대해 질문하면 중단하고 그 질문에 답해 주고 나서 또 돈 계산을 한다. 그러다가 또 다른 사람이 무엇을 물어 보면, 그 질문에 답해 주면서 동시에 거스름돈을 건네주는 것을 흔히 목격하게 된다. 즉 동시다발적인 행동인데, 아마 단일시간 개념 문화권인 미국 사람들이 자기 차례를 기다리면서 이러한 모습을 본다면 이해할 수 없다는 듯이 의아하게 생각할 수 있을 것이다.

반면에 한국인들은 그런 모습을 전혀 이상하게 느끼지 않고 오히려 자연스럽게 서로가 끼어드는 것을 용납하고 있는데, 이것은 한국이 오랜 역사 동안에 서로 돕는 공동체적 삶에서 형성된 복합시간 개념을 가진 문화권이기 때문이다.

복합시간 개념 문화권에서는 한 사람이 다양한 일을 동시에 수행하는 일에 익숙함을 발견하게 된다. 예를 들어, 책을 읽으면서도 동

---

165) 김정은, *op. cit.*, pp.73-74.

시에 귀에 이어폰을 끼고 음악을 들을 수 있으며 또 곁에 아이패드를 통해 동영상을 켜놓고 감상한다. 전혀 상상할 수 없는 일들이 현대에는 가능해진 것이다. 그만큼 이 사회가 하이테크를 통한 네트워킹이 동시 수행을 가능하게 만들었기 때문이다.

그러기에 한국 사람들이 단일시간 개념 문화권인 미국의 관공서에서 줄을 서서 한 사람 한 사람 차례대로 사무를 보는 일을 지루해 하고, 비능률적이고 비효과적이라고 비난하는 경향을 흔히 보이게 된다. 이것은 문화권의 차이에서 오는 시간 개념에 대한 몰이해를 반영하는 것이다.

페이티 유세트(Faithi S. Youset)는 문화권마다 다른 시간 개념을 가지고 있다는 사실을 알지 못해서 발생한 존 스미스(John Smith)의 뼈저린 경험을 인용한다.[166] 미국의 실업가인 존은 푸에르토리코(Puerto Rico)에서 휴가를 마치고 뉴욕으로 돌아왔는데, 푸에르토리코는 아직 미개발 지역이며 그곳 사람들에게는 질서 개념이 전혀 없기에 아직 사업할 만한 형편이나 체계가 잡혀 있지 않다고 개탄하였다. 이러한 그의 판단의 기저에는 양 문화 간의 시간 개념에 대한 오해가 작용하고 있다. 푸에르토리코는 철저하게 복합시간 개념 문화권이었기에 단일시간 개념 문화권에서 살아온 그가 그곳 사람들의 시간 개념을 전혀 이해하지 못하였던 것이다. 존이 샌 후안(San Juan)에 있는 백화점에 쇼핑하러 갔는데 백화점 점원은 이미 다른 고객들을 상대하고 있었다. 그런데 존이 들어오자 금세 존에게로 가까이

---

166) Faithi S. Yousef, "Nonverbal Behavior: Some Intricate and Diverse Dimensions in Inter-Cultural Communication", L.A. Samovar and R.E. Potter eds., *A Reader*, Belmont, C.A.: Wadsworth Publishing Co., 1976, pp.230-235.

와서 "무엇을 도와드릴까요?"라고 묻는 것이었다.

존은 먼저 상대한 고객에게 미안한 마음이 들어 점원에게 먼저 상대한 고객을 우선 도와드리라고 말하고, 자신은 다른 물건들을 보면서 점원이 먼저 상대한 고객과의 일을 마치고 자신에게 돌아올 것을 기대하고 줄곧 기다렸다. 그런데 그렇게 기다리는 사이 다른 고객이 여러 명 들어오자, 그 점원은 다시 그들에게 다가가서 그들을 시중드는 것이었다. 자기 차례만을 기다리고 있었던 존은 자기 차례가 훨씬 지나갔음에도 불구하고 자신에게 전혀 관심을 보여주지 않고 냉담하면서도 계속 들어오는 다른 사람들에게 다가가 도와주는 점원에게 점점 화가 치밀어 올랐다.

푸에르토리코에서는 미국처럼 고객을 오는 순서대로 도와주는 단일시간 개념 문화권이 아니라, 손님의 시간대에 상관없이 동시에 여러 명을 한꺼번에 상대해 줄 수 있는 복합시간 개념 문화권이었던 것이다. 어찌 보면, 복합시간 개념에 익숙한 점원은 오히려 존이 먼저 다른 사람을 도와주도록 양보한 행위를 오해했을 수 있다. 즉, 점원은 존이 자신을 도와주는 것을 오히려 부담으로 생각한다는 인상을 받은 것이다. 그래서 점원은 존에게 부담을 주지 않은 채로 자유스럽게 매장을 둘러보도록 배려했다. 이처럼 문화권에 따른 시간 개념의 차이는 교차문화 커뮤니케이션의 성패에 아주 중요한 요소를 지니고 있다.

나중에 결론 부분에서 자세히 언급하겠지만, 교차문화권 선교 사역은 철저하게 자문화권의 습성과 인식, 개념들을 기준으로 타 문화권을 판단하거나 가르치려고 할 때에 엄청난 복음 커뮤니케이션의 결렬현상을 맛보게 될 것이다. 오히려 자문화권의 습성과 인식의 개념을 버리고 타 문화권의 습성과 인식으로 전환하여 소통을 추구하는 노력과 이해가 수반되지 않으면 온전한 성육신적 커뮤니케이션은 요원할 것이다. 이를 위해 먼저 사역자 자신이 어느 시간 개념 문화권에 속했는지를 확인해야 하며, 나아가 현지 문화권에서는 어떤 시간 개념을 사용하고 있는지를 파악하여 현지 문화권에서 통용되는 시간 개념으로 활용하는 것이 필요하다. 부록 Appendix 5를 참고하여 진단하면 도움이 될 것이다.

4.
유사언어(Paralanguage) 및 기타 비언어적 유형들

1) 유사언어(Paralanguage)

'유사언어'란 '준언어'(準言語)라고도 하는데, 이것은 일반적인 언어 혹은 말과는 달리 그 언어로 하는 어휘와 그 의미를 증대하기 위해 동반하는 일련의 소리들을 의미한다. 즉, 음질의 변화, 템포, 음폭, 음량 등과 같은 소리는 물론 웃음 소리, 하품 혹은 투덜거리기 등 '말이 아닌 소리'(non-language sounds)들을 통틀어 일컫는다.[167]

말이란 상징적인 체계를 갖고 있는데, 이 체계는 언어와 비언어뿐만 아니라 소리의 특징 및 의미에 속하는 여러 언어적 체계에서도 나타난다. 왜냐하면 사람은 언어의 구성요소인 음운 조직(phonology), 어휘(vocabulary), 문법(grammar)이나 구문(syntax) 밖에 있

---

[167] George L. Trager, "Paralanguage: A First Approximation" in Dell Hymes eds., *Language in Culture and Society: A Reader in Linguistics and Anthropology*, NY.: Harper, 1964, pp.274-288.

는 음질(voice qualities)의 변화인 템포(tempo)나 음역(register) 또는 음량(volume)에 의해 자신의 감정이나 의도하는 바를 상대방에게 의식적 혹은 무의식적으로 전달하기 때문이다.

그래서 사람은 자기 음질의 고저나 음량을 다양하게 변화시켜서 자신의 감정이나 의도하는 바를 강조하기도 하고 은폐하기를 시도한다.[168] 상대방에 대해 좋고 싫은 혹은 사랑하고 미워하는 감정을 제대로 이해하고 전하는 것은 말의 내용이나 말 자체보다는 그 사람의 말투(the foul of he/she says it)이다. 그래서 상대방이 말하는 내용보다는 말과 함께 전달되는 말투가 실제로는 더 큰 비중으로 소통이 되는 것이다.

이런 면에서 심리학자 머라비언의 감정 분포도(도표 4.1.5)에서 보여주는 바대로, 메시지가 내포하는 있는 전체적인 감정 중에서 음성(vocal)이 차지하는 비율이 38%라고 하듯이, 그만큼 유사언어가 어떤 의미에서는 언어보다 더 중요한 요소로 의미나 감정을 전달해 주고 있다.

유사언어를 나타내는 한 가지 방식 중에, 어떤 구절을 소리로 강조하는 부분을 좀 다르게 표현해 보면 의미가 완전히 달라짐을 보게 된다. 예를 들어, "그래 넌 참으로 예쁜 애야"라는 말 중에서 '예'자를 좀 길게 빼는 경우는 '별로 예쁘지 않다'는 의미로 빈정대며 표현하는 양식이 된다.

"저 물건이 정말 좋다"고 할 때 끝을 올리게 되면 좋은지 나쁜지 모르거나 아니면 나쁜 경우를 의미하고, 끝을 조금 내리면 좋은 의

---

168) 최동진, 〈비언어적 커뮤니케이션에 대한 새로운 접근〉, 서울: 총신대학 대학원 석사학위 논문, 1984, p.47.

미로 말하고 있는 경우이며, '정말 좋다'는 의미를 강조하려면 '정'자를 좀 강하게 발음하고 좀 더 길게 빼게 된다.

한 언어의 음운학적, 어휘적, 의미론적, 문법적 난이성을 극복하였다 할지라도 음질의 변화인 유사언어를 떠나서는 노여움이나 놀람, 음울, 슬픔, 의혹과 같은 인간의 기본 감정을 그대로 전달하기는 불가능하며 의미를 제대로 이해하기도 힘들어진다. 왜냐하면 인간 감정을 나타내는 동작이나 반응은 말 자체 속에 담긴 것이 아니고 말 밖의 요소인 유사언어나 신체언어에 의해 전달되기 때문이다.[169]

대인 커뮤니케이션에 있어서, 목소리를 통해 얼마나 신뢰할 수 있는가를 측정할 수도 있다. 많은 사람들은 목소리의 장단과 고저, 얼굴 표정에 단서가 있고 감정과 감수성이 포함되어 있기에 종합적으로 분석하여 신뢰성을 측정하기도 한다. 이런 식으로 우리의 목소리로 다른 사람에게 우리의 감정을 전달할 수 있게 된다.

또한 유사언어는 그의 인격의 양면성을 내포하고 있음을 말해 주기도 한다. 가령 말을 빠르게 하거나 고음인 경우는 긍정적인 의미에서는 적극적인 성격의 사람임을 보여주는 경우도 되지만, 부정적으로는 참을성이 없는 급한 성격의 소유자임을 암시해 주기도 한다.

이에 반하여 말이 느리고 음량이 무게가 있고 저음인 경우는 긍정적인 의미에서 볼 때에는 침착하고 여유가 있는 온화한 성품의 소유자처럼 느끼게 해주지만, 부정적인 면에서 보면 어딘지 모르게 동작이 느리고 게으른 사람임을 암시하고 있는 경향이 있다.

---

169) Floyd M. Cammack, and Hildebert Van Buren, "Paralanguage Across Cultures: Some Comparisons Between Japanese and English", *English Language Education Council Bulletin*, Tokyo, 1973, pp.7-10.

이렇듯 유사언어는 그 사람의 성격은 물론 그의 성별, 나이 혹은 사회적 지위나 신분, 교육 수준까지도 넌지시 암시해 주고 있음을 알 수 있는데, 이것을 '고정관념'(stereotype)이라고 부른다. '스테레오타입'이란 암시적 혹은 명시적으로 어떤 사람의 성격 또는 자라온 문화적 배경이나 환경, 역사에 관한 일련의 평가 혹은 가치판단, 그리고 가정들을 표상한다.

마크 냅(Mark Knapp)과 주디스 홀(Judith Hall)은 목소리를 통한 개인적 성격에 관한 수많은 연구들을 바탕으로 성격과 목소리는 매우 연관성이 높다고 지적하면서,[170] 실제로 성격이 목소리에 반영되는 방식은 복잡할 수 있지만, 사람들이 목소리를 성격에 대한 단서로 믿고 있다는 증거는 많다고 했다.

이와 관련하여 애딩턴(D.W. Addington)은 남성과 여성 대화자들에게 아홉 가지의 독특한 시뮬레이션 목소리를 내게 한 다음, 이를 평가자들이 40개의 형용사로 성격 특성을 묘사하는 연구를 했다. 연구 결과 평가자들은 남성적인/여성적인, 젊은/늙은, 열정적인/냉담한, 활기찬/게으른, 매력적인/못생긴 평가에서 평가자 간 높은 일치도를 보였다.

일반적으로 남자 목소리는 신체적, 감정적 힘의 차원에서 지각된 반면, 여자 목소리는 사회적 관점에서 지각되었음을 아래 〈도표 4.4.1〉을 통해 요약하고 있다.[171]

애딩턴(Addington, D.W)은 목소리로 파악된 인상이 대인 접촉에서 상충되는 정보를 얻을 수 있음도 시사했다. 일례로 애딩턴의 연구는

---

170) Mark L. Knapp & Judith A. Hall, 《비언어 커뮤니케이션》, op. cit., p.508.
171) Addington, D.W., The Relationship of Selected Vocal Characteristics to Personality Perception, Speech Monographs, 35, 1968, pp.492-503.

변이음(increased pitch variety)은 긍정적 성격과 정적인 상관관계가 있다는 것을 시사한다.

목소리 시뮬레이션	화자	고정관념
숨소리(Breathiness)	남성	젊은, 예술적인
	여성	여성적인, 예쁜, 자그마한, 활기 있는, 긴장하는, 천박한
가는 목소리(Thinness)	남성	화자에 대한 청자의 이미지를 바꾸지 않음, 무의미한 상관관계
	여성	사회적, 신체적, 감정적, 정신적 미숙, 유머 감각과 감수성
단조음(Flatness)	남성	남성적, 굼뜬, 차가운, 은둔형
	여성	남성적, 굼뜬, 차가운, 은둔형
비음(Nasality)	남성	사회적으로 바람직하지 않은
	여성	사회적으로 바람직하지 않은
딱딱한 음(Tenseness)	남성	늙은, 완고한, 심술궂은
	여성	젊은, 감정적, 여성적, 긴장하는, 똑똑하지 않은
후음(Throatiness)	남성	늙은, 현실적, 성숙한, 정교한, 잘 적응하는
	여성	똑똑하지 않은, 남성적, 굼뜬, 촌스러운, 냉정한, 못생긴, 병약한, 부주의한, 몰취미한, 순진한, 겸손한, 신경과민의, 조용한, 흥미 없는, 무관심한
가속도(Increased rate)	남성	생기 있는, 외향적인
	여성	생기 있는, 외향적인
음의 변이 (Increased Pitch Variety)	남성	역동적, 여성적, 미학적
	여성	역동적, 외향적

〈도표 4.4.1〉 애딩턴(Addington)의 목소리 단서와 성별 고정관념 시뮬레이션

하지만 지나친 변이음은 오히려 부정적 성격 지각을 유발할 수도 있을 것이기 때문에 이것을 분별하는 데에는 상당한 주의력을 요한다고 볼 수 있다.

저커먼(Zuckerman)은, 사람들은 극단적인 음조, 날카롭고 새소리 같은 목소리가 지나치면 성격을 부정적으로 지각한다고 말한다.[172] 일반적으로 매력적인 목소리를 가진 사람들은 좋은 성격(차분한, 외향적, 개방적, 온화한, 성실한, 정직한, 양심적인)의 소유자로 평가되었으며, 또한 매력적인 목소리는 울림이 있고, 단조롭지 않고, 비음이 섞이지 않고, 저음인 목소리라고 말했으며, 비음 목소리는 성인뿐 아니라 심지어 세 달 된 유아인 경우에도 부정적으로 평가되었다.[173]

개인에 따라서 예외가 있기는 하지만, 여러 연구에서 체형과 기질, 음성과 성량은 밀접한 관계가 있는 것으로 나타난다. 그러나 몸의 생김새나 음성과 음질, 성량이 꼭 그 사람과 일치하는 경향을 보인다고 단정해서는 안 된다. 사람의 음성이나 성격, 체형이 부합된다는 점은 남들의 기대감을 비롯해서 생활 경험, 환경 요인, 자아관 및 다른 변인들 때문인 것이다. 만일 일반적으로 수용되는 음성에 따른 체형이나 기질에 관한 스테레오 타입이 있다면, 이러한 스테레오 타입은 타인에게 인식되고 반응을 받는 방식과 남이 그 사람들에게 기대하는 성격과 많은 관련이 있다고 말할 수 있을 것이다.

그런 의미에서 로저스와 스타인페트(Rogers & Steinfatt)는 "스테레오 타입(stereotype)이란 어느 특정 집단 구성원에 대한 단순화된 일반적 이미지나 그럴 것이라고 믿고 있는 고정적인 틀"로 이해하고 있다.[174] 이러한 스테레오 타입은 문화적 상황과 밀접한 관계가 있는데, 일상의 삶에서 보고 듣거나 체험한 것을 통해 형성된 인지구조, 또는 어떤 사물을 이해하는 데 필요한 여러 가지 상황적 지식으로

---

172) Mark L. Knapp & Judith A. Hall, *op. cit.*, p.511.
173) *Ibid.*
174) Everett M. Rogers, & T.M. Steinfatt, *International Communication*, Prospect Heights, IL: Waveland Press, 1999.

형성된다.[175] 사물을 인식하고 이해하고 해석하여 상황을 예측하게 하는 인지구조는 보통 대상에 따라 여러 가지로 분류되는데, 어떤 집단에 속한 사람들은 예측하고 기대하지만 그 집단에 속한 개개인의 차이를 인지하는 데에는 걸림돌로 작용하기도 한다.[176] 사람들은 자기 집단에 대한 정보는 의식적, 무의식적으로 많이 수집하여 세세하게 인지하고 있는 데 반하여, 타 집단에 대한 정보는 자기 집단의 정보량에 비해 인지하는 부분이 극히 적기 때문에, 타 집단에 대한 적은 정보량으로 타 집단 구성원에 대한 이미지를 극히 단순화하고 균일한 특징을 일반화하여 타 집단에 대한 스테레오 타입을 형성하게 되는 것이다.[177]

교차문화 선교에 있어서 사회적 인지 현상인 스테레오 타입은 특정 문화와 인종, 심지어 집단에 대한 긍정적인 면과 부정적인 면을 모두 포함하고 있음에 유의해야 한다. 특히 이때 발생하는 스테레오 타입의 부정적인 인지가 특정 문화나 인종에 대한 정서적인 혐오감을 갖게 하는 개인적이고 주관적인 감정으로 전이되는 현상이 나타나는데 이것을 편견이라고 부를 수 있다.[178]

예를 들어, 고맥락 문화권에서 살고 있는 아시아인들이 주로 말하기보다는 침묵을 중요시 여기며 자기 감정의 표현을 절제하기에, 저맥락 문화권 사람들이 볼 때에는 아시아인들은 속마음을 전혀 알

---

175) Ulric Neisser, *Cognition and Reality: Principles and Implications of Cognitive Psychology*, San Francisco, CA: W. H. Freeman, 1982.
176) Richard Brislin, *Understanding Culture's Influence on Behavior*, TX: Harcourt Brace College Publishers, 1993.
177) Lee Y.T. & Ottati, V., Determinants of In-Group and Out-Group and Out-Group Perceptions of Heterogeneity: An Investigation of Sino-American Stereotypes, *Journal of Cross- Cultural Psychology*, 24, 1993, pp.298-318.
178) Everett M. Rogers & T.M. Steinfatt, *op. cit.*

수 없는 음흉한 사람들이라는 느낌을 주는데, 이와 같은 상황적 편견이 문화권에 따라 존재한다. 이러한 상황적 이해를 기반으로 자문화권에 입각하여 개인적인 느낌을 주관화하여 '괜히 나쁘다, 싫다' 등의 감정으로 전이하게 되는 것이다. 이러한 감정적 전이로 말미암은 편견은 진정한 의미에 대한 이해가 아니므로, 상당히 위험한 인지 과정에서부터 시작되어 차별로 나아가게 된다. 그러므로 인종이나 성별, 피부 색깔로 말미암은 스테레오 타입은 편견과 차별의식으로 발전되어 사회적인 이슈로 등장하여 교차문화 커뮤니케이션의 장애 요소가 되는 것이다.

따라서 교차문화권 선교사들은 먼저 타 문화권에 대한 문화적 맥락에 대한 관찰과 이해를 우선하여 이와 같은 그릇된 인지와 편견, 차별의식을 넘어서 원만한 의사소통의 접촉점을 만들어 갈 수 있어야 한다.

2) 외모(Appearance)와 의복, 장식(Object) 및 상징물들(Symbols)

오늘날에는 세계화된 한 문명권에 살고 있기에 각 문화권마다 의상과 외모의 차이가 유사한 듯하나, 자세히 살펴보면 여전히 다른 모습을 보이고 있다. 비록 같은 문화권에 살고 있는 자라 할지라도 개개인의 성격과 취향에 따라 외모와 의상도 차이를 보인다. 그렇다면 외모와 체형 혹은 의복과 장식품들은 어떤 의미를 전달해 주는 것일까?

지금까지의 여러 연구들에 의하면, 개개인의 취향과 체형과 기질 등의 비언어적 요소들은 대인 커뮤니케이션에서 다양한 의미들을 전달해 주는 것으로 나타난다. 예를 들어, 보편적으로 체격이 마른 편에 속한 청소년들이 비대한 이들에 비해 좀 더 매사에 민감한 편

이며, 주의력이 있고, 조바심이 많고, 더 세심하며 꼼꼼한 편이라는 것이다.[179]

그러나 이러한 체형이나 외모 그 자체가 동일한 유형의 기질을 형성한다거나 유사할 것이라는 스테레오 타입에 근거한 판단을 피해야 한다. 우리는 종종 스테레오 타입은 사실에 대한 편견이 앞서기에 진의를 왜곡한다고 믿어 왔지만, 다른 측면에서는 우리가 생각하는 것 이상으로 정확할 때도 있기 때문에 성격과 기질을 체형과 관련하여 생각하는 습성이 있다. 이러한 생각들은 항상 정확한 것이 아님을 유의해야 한다. 하지만 스테레오 타입은 대인 커뮤니케이션에 있어서 중요한 요소 중 하나로 인식하는 것이 필요하다. 보편적으로 어린아이들은 마른 체형이나 뚱뚱한 체형보다는 체형이 다부진 건강한 형을 좋아하는 것으로 나타났다.[180]

보편적으로 의복의 비언어적 메시지는 비의도적으로 전달되고 수용되기 때문에, 구체적으로 메시지의 의도성과 관련하여 최윤희는 다음 네 가지 경우의 가능성을 예측해야 한다고 말한다.[181]

첫째, 의복 착용자가 의도적으로 수용되는 메시지를 의도적으로 보낸다. 예를 들어, 의사나 간호사들은 환자들에게 청결하고 깨끗한 이미지에 대한 안정감과 신뢰감을 주기 위해 하얀 가운을 착용한다. 이 경우 의사는 진료실은 위생적이고 안전한 장소라는 메시지를 의도적으로 보내고 있는 것이다.

---

179) Robert N. Walker, Body Build and Behavior in Young Children, *Child Development* 34, 1963, pp.1-23.
180) R.M. Lerner & S. Korn, The Development of Body Build Stereotypes in Males, *Child Development* 43, 1972, pp.908-920.
181) 최윤희, op. cit., pp.101-102.

또 다른 예로, 보통 교회에서 성례식이나 결혼식, 혹은 장례식 때에 인도자가 예전 가운을 입는 경우이다. 이러한 가운을 착용하므로 예배 인도자가 예전 자체가 거룩함을 암시적으로 전달하고 있는 것이다. 성례식의 경우, 검은 가운에 붉은 십자가가 새겨진 스톨(stole)을 착용하기도 한다. 이것은 예수 그리스도의 피와 십자가, 죽음을 상징한다. 부활주일에는 주로 하얀 가운을 착용하는데, 이것은 그리스도의 부활의 새 생명을 의미한다. 이와 같은 가운이나 스톨의 착용은 보통의 예배와는 달리 특별한 예식이나 예전임을 청중들에게 암시하며, 보통의 예배 시와는 달리 좀더 경건하고 진지하게 예전에 참여해야 함을 간접적으로 전달하고 있고, 참여하는 자들은 이러한 의도성을 수용하고 있는 것이다.

둘째, 의복 착용자가 의도적으로 수용되는 메시지를 비의도적으로 보낸다. 주로 회사 입사를 위해 면접을 하는 경우, 면접관 앞에 서는 구직자는 자신의 외모를 통해 비의도적인 메시지를 면접관에게 보낸다. 또한 면접관들은 구직자들의 외모를 상당히 유의 깊게 살피게 된다. 예를 들어, 어떤 여자가 큰 다이아몬드 결혼 반지를 끼고 값비싼 손목시계를 차고 있다면, 면접관들은 이 여인이 결혼을 했고, 중산층 이상에 속한 사람임을 암시적으로 이해하게 된다. 이 경우 구직자는 장신구를 통해 자신이 의도하지 않았던 의미들을 면접관들에게 비의도적으로 전달한다.

셋째, 의복 착용자는 비의도적으로 수용되는 메시지를 의도적으로 보낸다. 젊은 교수가 학생들에게 권위 있게 보이기 위해 자신이 평소 즐겨 입는 캐주얼 차림을 하지 않고 의도적으로 정장 차림을 자주 하는 경우이다. 다른 교수들과 학생들은 무의식 또는 비의도적으로 이러한 변화에 반응을 보인다. 하지만 그들은 이 젊은 교수가 무엇인가 다르게 보이지만 그 다른 점이 무엇인지 구체적으로 이해하지는 못한다. 결국 의도적인 메시지가 비의도적으로 수용되는 경우이다.

마지막으로, 외모는 비의도적으로 수용되는 메시지를 비의도적으로 보낸다. 어떤 사람이 어떠한 의도성이 없이 편리한 대로 착용하는 의상이나 외모에 대해 수용자의 입장에서도 아무런 의도성이 없이 무의식적으로 반응하는 경우이다. 의도적인 메시지는 전혀 전달되지 않는 경우이다.

결국 어떤 사람이 착용하는 의상이나 외모에 대해 위와 같이 네 가지 경우의 커뮤니케이션의 가능성이 존재한다. 왜냐하면 사람이 옷을 입는 것은 자신을 꾸미는 여러 가지 방법 중 하나에 불과하지만, 그러나 그것들은 모두 그 사람의 문화와 사회적 지위, 성적(性的) 차이, 소속 집단에 대한 태도, 자신의 멋 등의 속성을 나타내기 때문이다.[182] 특히 교차문화 사역자들은 그 문화권에 따른 전통적인 의상과 외모를 살펴보는 것에 유의해야 한다.

개화 이전의 조선 민족은 양반 문화의 특성으로 상투와 망건, 갓을 착용하는 전통의상을 중시했다. 개화 이후, 서양 문물이 들어오면서 서양인들이 조선인의 상투와 갓, 망건을 이상히 여겨 갓 머리를 만져 보거나 망건 상투를 튕기거나 하면 결투를 신청하고 대드는 바람에 '공포의 상투'라고까지 부를 정도였다고 한다.[183] 병원에 입원해도 진료를 받기 위해 망건을 벗기거나 상투를 풀 수 없도록 규칙을 만들어 놓았다고 하니, 당시 의상이나 외모가 말해 주는 사회적 신분을 얼마나 중요시 여겼는가를 단적으로 보여주는 실례이다.

---

182) 과학세대 옮김,《맨워칭: 인간 행동을 관찰한다》, 서울: 까치, 1994, p.367.
183) 최윤희, *op. cit*, p.104.

단지 한국 문화만 그런 것이 아니다. 중국의 청나라 시대나 변방 몽골족은 한때 변발[184]을 생명처럼 지켰고, 일본도 오랫동안 무사를 상징하는 존마게[185]를 선호하였다. 일본에서는 메이지유신 때 존마게를 자르고 양복을 입혔으며, 중국에서도 청조를 배척하고 근대화하는 상징으로 변발을 잘랐다. 한국의 경우도 일제 식민 통치하에 민족문화를 말살하기 위해 조선인의 상투를 잘라 강제적으로 단발머리를 하도록 강요하였음을 보게 된다. 일제는 외모 통제를 통해 민족 문화를 자신의 일제 문화로 귀속시키려 시도했던 것이다. 이처럼 외모는 단순히 그 사람의 성격을 반영하는 것이 아니라, 그 시대 상황과 역사, 문화를 담고 있는 중요한 커뮤니케이션 요소가 된다.

화장(make up)은 사람의 얼굴을 예쁘게 가꾸어 자신의 아름다움을 드러내고자 하는 행위이다. 그러나 단순히 미모를 가꾸기 위한 것을 넘어서, 햇볕으로부터 얼굴을 보호해 주고 보다 젊고 건강한 피부를 유지함으로 특정한 사회적 범주에 소속시키고자 하는 의도적 행위로 간주할 수 있다. 부족사회에서는 화장이 공동체 내에서 개인의 지위를 확립하는 데 주요한 역할을 했으며 본인에게는 문화적 '배지'였다.[186]

18세기 말에 영국 여성들은 프랑스에서 건너온 유행을 좇아 머리를 60cm 높이로 올렸으며, 부유한 여성은 전속 미용사를 고용하여 머리

---

184) '변발'(辮髮)은 앞머리를 밀고 뒷머리만 남겨 땋는 형식의 몽골족(동호족, 선비족, 거란족)과 예맥족과 만주족(여진족)의 머리 모양새다. 때때로 아메리카 토착민들의 땋은 머리나 일본의 존마게(丁髷)까지 포함하는 경우가 있다.
185) '존마게'(일본어: 丁髷, ちょんまげ)는 에도 시대에 남자가 했던 일본식 상투의 한 가지이다. 이마 위의 머리를 밀고, 후두부에서 머리를 모아 틀어 올린 모습이다.
186) 과학세대 옮김, op. cit., p.373.

를 전문적으로 가꾸게 하였다. 미용사에게 맡길 능력이 안 되는 여성들조차 프랑스제 가발을 구하려고 안간힘을 썼다고 한다.[187]

현대에 더욱 성형의학과 미용 산업이 발달하고 있는 이유는, 그만큼 외모가 사회적 신분과 지위를 의미하고 있기 때문이다. 다시 말해, 외모는 비언어적 커뮤니케이션의 중요한 요소임을 단적으로 증명해 주고 있는 것이다.

1996년 5월, 터키의 친이슬람계인 도덕당의 여성 의원 메르베 카박지가 법률상 공공장소에서 착용이 금지된 스카프를 두르고 등원한 것이 문제가 되어, 의원들이 즉각 국회의장에게 카박지 의원의 퇴장을 요청하여 의회가 45분간 정회하는 소동이 벌어진 적이 있다. 터키 및 서방 언론들은 이번 국회 스카프 사건이 결코 일과성 해프닝이 아니라면서 비상한 관심을 기울이고 있었는데, 이틀 뒤 미국의 〈뉴욕 타임스〉는 "지난주까지만 해도 무명이었던 그가 금주 들어 국민의 뇌리에서 '국적'(國賊)인 쿠르드 지도자 압둘라 오잘란을 지우고 그 자리에 대신 들어서고 있다"고 보도했다.[188]

회교권에서 여성은 법령과 전통에 따라 머리를 가리는 예가 많지만, 터키의 경우에는 정반대로 학교, 법정, 의회 등에서의 스카프 착용이 금지되어 있다. 스카프가 전통의 상징이기 때문이다. '건국의 아버지'로 추앙 받는 무스타파 케말 대통령이 19세기 말 오토만 제국의 붕괴와 20세기 초 격동기 속에서 서구화, 민주화, 남녀 평등사회 건설을 위해 여성의 머리 스카프 착용을 금지시켰던 것도 이런 이유 때문이었다.

---

187) 최윤희, *op. cit.*, p.105.
188) 1999년 5월 6일 〈문화일보〉 인터넷신문, http://www.munhwa.com/news/view.html?no=199905068000101.

이처럼 외모는 문화와 역사, 전통과 관련하여 엄청난 의미들을 내포하기 있기에 교차문화권 사역자는 외모와 관련한 비언어적 커뮤니케이션 요소들에 대한 관찰과 이해가 필요하며, 그 문화적 배경하에 전통적으로 지켜오는 외모와 의상에 대해 우선 존중하며 사려 깊고 신중하게 접근하는 태도가 절대적으로 필요하다.

그다음에 중요한 비언어적 제시는 사물언어(object language)이다. 사물언어라 함은 주로 특별한 의미를 담고 있는 상징물이나 어떤 형태의 특별한 부착물들이 특별한 메시지들을 상징적으로 전달해 주는 것을 말한다.

교차문화권 사역에 있어서 고유한 문화와 관련된 역사적인 특별한 의미를 가진 애완동물을 상대방에게 선물할 때에는, 우호적 선린 관계를 증진하고 싶다는 메시지를 은근하고 깊이 있게 전달하는 하나의 방법이 된다.

2014년 한국을 국빈 방문한 시진핑(習近平) 중국 국가주석이 판다(Panda) 두 마리를 전달한 것으로 알려졌다. 중국은 다른 나라와 외교적 우호와 선린 관계를 강화할 때 중국에서만 자생하는 평화의 상징인 판다를 선물로 보내는 '판다 외교'(Panda diplomacy)를 펼치고 있음을 보여주고 있다. '판다'라는 동물을 통해 중국에 대한 대국적 교만이라는 나쁜 이미지를 상쇄하고, 겸손하고 평화를 사랑하는 민족이라는 우호적 메시지를 각국에 전달하고 있는 것이다.

그동안 중국은 다른 나라와 외교적으로 큰 진전을 이룰 때 우호와 평화의 상징인 판다를 선물로 기증해 왔다. 2013년 3월 취임한 시 주석은 이듬해 4월 유럽을 방문했을 당시 유럽연합(EU)과의 협력 관계 강화를 위해 벨기에 동물원에 판다 두 마리를 기증한 바 있다.[189] 판다 곰은 고산에서 참 대나무 잎을 하루 40근 먹어야 살기 때문에, 상대국에서 구하기 어려운 참 대나무 잎도 같이 보내 줌으로써 정성과 사랑이 담긴 진정성 있는 선물임을 상징적으로 전달하고 있는 것이다. 1972년 중국이 일본과 수교할 때 외교 선물로 보내진 판다 곰으로 인해 일본에서는 판다 열풍이 일어나기도 하였다.

후진타오(胡錦濤) 전 국가주석도 대만과 마카오를 상대로 판다 외교를 하였다. 후 주석은 2008년 말 양안 관계 개선을 위해 대만에 약속한 판다 한 쌍을 보내 대만 사람을 즐겁게 했는데, 2009년 말에는 마카오 주권 반환 10주년 행사에 참석하여 축하의 의미로 판다 한 쌍을 기증하겠다고 약속하였다. 지난 10년간 마카오가 일국양제를 통해 놀라운 발전을 했다는 것을 평가하면서 한 약속이기 때문에 포상의 의미가 있다.

옛날에는 코끼리가 외교적 메시지로 자주 활용되었다. 우리나라에 코끼리가 처음 들어온 기록은 조선왕조 초기 태종 때였는데, 이웃나라 일본을 통해 베트남 코끼리가 들어왔다고 한다. 일본은 주로 베트남 코끼리를 선박을 통해 수입하였는데, 수입항구인 나가사키에서 수도였던 에도(지금의 토쿄)까지 호송될 때는 국가 원수에 준하는 대우를 받았다고 전해진다. 우리나라에서 코끼리라는 이름도 코끼리의 긴 코의 모습에서 나왔다고 한다. 처음에는 코가 무척 길어 '코길이'라고 부르면서 나중에는 코끼리로 정착된 것으로 보인다.

그런데 일본에서 보내온 코끼리를 사람들이 잘못 다루어 코끼리에 밟혀 죽는 사고가 일어났다. 조정에서는 코끼리를 살인죄로 몰

---

189) 2014년 6월 28일. 〈아시아경제〉 인터넷판. http://www.asiae.co.kr/news/view.htm?idxno=2014061906542232230.

아 사약을 내려야 한다고 했으나, 일본과의 외교 관계를 생각하여 코끼리를 멀리 귀양 보내 스스로 죽게 하였다는 재미있는 이야기도 전해지고 있다. 미얀마 태국에서도 코끼리를 베이징의 중국 황제에게 선물하기도 했다. 코끼리는 운남고원을 넘어 장강과 황하를 건너 베이징까지 온 것으로 보인다. 따뜻한 동남아시아에서 겨울이 추운 베이징으로 시집온 코끼리는 주로 황실의 위엄을 보여주는 의전용으로 사용되었다고 한다.

   이것은 문화권마다 중요시 여기는 대상물을 우호적 선린의 관계로 활용하고 있음을 보여주는 단적인 예이다. 단순히 언어로 선린과 우호를 얘기하기보다는, 대상물을 통해 암시적이고 상징적이며 실제적인 비언어적 메시지를 담아 내고 있는 것이다.

   또한 옷에 부착하는 액세서리나 부착물들은 그 사람의 신분이나 사회적 자유 등의 의미도 전달해 주는 역할을 한다. 예를 들어, 교차문화 사역자가 분에 넘치는 반지를 착용하거나, 양복 위에 번쩍이는 도금 장식물이나 배지 혹은 만년필을 꽂는다든지 할 때에, 청중은 메시지보다 장식물에 더 관심을 갖게 되는 것이다.

   성화나 교회 장식물도 사물언어에 속한다고 볼 수 있다. 주로 절기 예배에 사용하는 강단 꽃꽂이 등은 종교적 상징물이지만 특별한 의미를 더해 주는 효과를 가지고 있다. 예를 들어, 추수감사절에 장식하는 아름다운 꽃과 그해 추수한 것들과 다양한 종류의 과일들은 모든 만물이 주님의 은혜로 주어진 것들이라는 의미를 강화시켜 전달해 주는 효과가 있다. 고난주간에 장식하는 가시나무들과 십자가, 혹은 붉은 꽃들은 예수 그리스도의 수난과 죽음의 의미를 강화시켜 준다.

이러한 관점에서 보면, 구약성경에 나오는 다양한 제사제도와 절기와 제물들은 하나님의 구속의 언약을 성취할 그리스도의 그림자로서 예표적이고 상징적인 의미들을 강화시켜 준다.[190]

루이스 쉐릴(Lewis J. Sherrill)은 이러한 신앙적인 상징들을 신학적이고 영적인 의미를 강화시켜 주는 비언어적 커뮤니케이션의 제시들로 이해하면서 성경에 나타난 신앙적 상징들과 그 의미들을 다음의 도표와 같이 요약하고 있다.[191]

	신앙적 상징	의미
1	선악과	신앙적 타락의 원인
2	뱀	마귀
3	바벨탑	헛된 노력의 결과
4	소돔과 고모라	죄에 대한 심판(저주)
5	십계명	집단 규범
6	출애굽(Exodus)	구속의 은혜
7	구름 기둥, 불기둥	신앙의 방향 표지
8	놋뱀	십자가 상의 그리스도
9	제사	그리스도의 대속적 죽음
10	성막의 구조	커뮤니케이션의 단절과 회복
11	빛, 소금	신자의 사명
12	요나의 표적	그리스도의 죽음과 부활
13	물고기(성경에는 없음)	그리스도인
14	계란(성경에는 없음)	그리스도의 부활

〈도표 4.4.2〉 루이스 쉐릴(Lewis J. Sherrill)의 성경에 나타난 신앙적 상징

---

190) 골 3:16-17; 히 8:5, 10:1-10.
191) Lewis J. Sherrill, 《만남의 기독교 교육》, 김재은·장기옥 역, 서울: 대한기독교출판사, 1981, p.164.

교차문화권에서는 이러한 성경적인 상징과 의미들이라 할지라도, 이것들은 당시 히브리 문화 혹은 유대 문화권에서 형성된 상징들이므로 현지 문화권에서 소통할 수 있는 방식으로 재구성해야 할 의무가 있다. 왜냐하면 이러한 상징들의 역사적 배경과 현지 문화적 배경과는 상당한 문화적 이해와 인식의 차이(cultural conceptual gap)가 발생할 수 있기 때문이다. 성경적인 복음의 내용을 바르게 소통하기 위해서는 현지 문화에 대한 역사적 배경과 상황(historical, cultural context)에 따른 비판적 상황화 적용이 불가피하다고 여겨진다.

5장

결론 및 제안

　교차문화 선교 사역에 있어서 가장 중요한 요소라 한다면 한마디로 소통의 문제이다. 그러나 대부분 의사소통을 언어적인 것으로만 이해하는 경향이 있는데, 실상은 이미 살펴본 대로 인간이 상호 접촉을 할 때 언어만으로는 그 의미를 제대로 이해할 수도 또한 소통할 수도 없다. 교차문화권 사역을 준비하는 대부분의 사람들이 현지 언어를 다 배우면 그 문화까지도 다 배웠다고 잘못 오해하는 경향이 있다.

　안타깝게도 그들이 이렇듯 잘못된 개념을 가지고 행동하기 때문에 에드워드 홀(Edward Hall)은 '문화의 소리 없는 말'(silent language of culture)이라고 부르는 것을 전혀 배우지 못한다고 일침을 가한다. 그에 의하면, 언어란 단지 모든 문화에서 발견되는 열 개의 기본적인 전달 체계 중 하나에 불과한데, 나머지 아홉 개는 시간(temporality: 일상적인 일과 스케줄에 대한 태도), 영역(territoriality: 공간, 재산), 개발(exploitation: 자원의 분배와 사용과 통제의 방법), 연합(association: 가족, 친척, 공동체), 생계(subsistence: 노동, 분업), 양성(bisexuality: 언어, 의복, 행위의 다양한 양상), 학습(learning: 관찰, 분류, 교수), 놀이(play: 게임, 유머), 그리고 방어(defense: 보건 절차, 사회적 갈등, 신념) 등이다.[192]

---

192) Edward T. Hall, *The Silent Language*, Garden City, N.Y.: Doubleday, 1973, pp.38-59.

모든 전달체계는 상호관계와 의사소통을 지배하는 각각의 규칙을 가지고 있으며, 또한 배워야만 하는 각각의 구조와 방식 그리고 다양성(variations) 등을 가지고 있음을 알아야 한다. 따라서 언어를 아는 것은 완전한 생활방식과 문화에 대해 배울 수 있는 것의 약 10분의 1에 불과하다는 결론을 얻을 수 있다.

그러므로 교차문화권에서 가장 효과적이고 원만한 의사소통의 시작은, 언어적인 노력도 물론이지만 더불어 우선 현지 문화와 관습에 의해 자연적으로 축적된 비언어적 요소들에 대한 세심한 관찰과 연구, 이해가 병행되어야 한다. 왜냐하면, 비언어적 요소들은 단순히 학교나 사설기관에서 학습되는 것이 아니며 오히려 현장의 경험을 통해 습득되는 것이기 때문이다. 특히, 현지 문화에 농축된 가치관, 세계관이 함축되어 겉으로 표현되는 것이 비언어적 요소들의 두드러진 특성이기 때문이다.

그러므로 교차문화 사역자들이 복음의 내용들을 현지 문화에 제대로 소통시키기 위해서는 그 현지 문화와 관습에 따라 축적되어 익숙해진 비언어적 요소들이 주는 의미에 대한 이해가 필수적이다. 더불어 문화권의 차이에서 오는 보편성과 특수성의 문제들을 고려하면서 그 유형에 대한 진지한 이해가 우선되어야 효과적인 교차문화 사역을 감당할 수 있다.

그렇다면 "교차문화권에 진입하는 사역자가 효과적이고 바른 의사소통으로 목표하는 사역을 이루기 위해 어떤 자세를 견지해 나가야 하는가?"에 대해 다음 몇 가지를 제안하면서 결론에 답하고자 한다.

첫째, 예수 그리스도의 성육신적(incarnational) 타 문화 중심주의 자세를 견지해 나가야 한다. 자문화(자민족) 중심주의는 이미 문화인류학적인 배경에 대한 몰이해의 산물이다. 모든 인류는 각 문화적 다양성을 가지고 태어나며, 그 문화적 영향하에서 자라고, 그 문화적 산물에 의해 축적된 가치관과 세계관에 의한 의미들을 소통하게 된다. 우리가 이미 살펴본 대로 비언어적 요소들은 문화적으로 보편성이 있지만 여전히 특수성이 존재함을 인식해야 한다. 그러므로 타문화에 대한 이해와 존경과 배려가 없이는 결코 복음의 진리 전달과 그 진리에 기반한 영적 삶의 전달은 요원한 것이다.

예수 그리스도가 친히 인간 문화의 옷을 입고 성육신하셔서 스스로 종이 되어 인간의 죄를 대속하기 위해 십자가에서 죽으신 것처럼, 교차문화 사역자도 친히 현지 문화의 옷을 입고 현지 문화의 종이 되어 그 문화를 복음으로 섬겨야 한다.

교차문화 사역자는 섬기고자 하는 문화권의 사람들을 사랑하되 예수님처럼 그들의 문화권에 기꺼이 들어가며, 그들이 먹는 방식대로 먹고, 그들이 자는 방식대로 자며, 그들이 관심을 가지고 연구하고 다루는 방식대로 그들의 문화와 생활에 깊이 침투해야 한다.

가능한 한 그들의 삶의 방식대로 복음을 생활화하고 증거해야 한다. 그래서 그들의 존경과 칭찬을 얻을 수 있을 때에 진정한 신뢰감이 형성되어 문화를 넘어선 진정한 복음 커뮤니케이션이 이루어지는 것이다.

이 점에 대해 칼리 도드(Carley H. Dodd)는, 교차문화 간 수행능력 요소와 태도가 문화 간 의사소통 효과로 이끈다는 사실을 여러 연구 결과를 토대로 증거하면서, 낮은 자민족 중심주의가 고도의 자민족 중심주의보다 훨씬 효과가 있음을 아래의 〈도표 6.1〉로 제시하고 있으며, 동시에 언어 메시지와 비언어 메시지를 일치하도록 권하고 있다.[193]

---

193) Carley H. Dodd, op. cit., pp.279-295.

효 과	효과 없음
대인관계 많음, 과업 강조 덜함	과업 많음, 대인관계 강조 덜함
자기에 관한 주장이 거의 없음	자기 주장이 많음
낮은 자민족 중심주의	고도의 자민족 중심주의
모호함을 견디는 능력 높음	모호함을 견디는 능력이 낮음
고도의 감정 이입 능력, 낮은 독단	낮은 감정 이입, 듣기 불충분
인지적 복합성	인지적 단순성
편안한 대인관계, 신뢰	대인관계 불편, 불신
고도의 개인적 통제력, 운명주의 믿지 않음	낮은 개인적 통제력, 운명주의에 의지함
혁신주의 성향 높음	혁신주의 성향 낮음
높은 자존감, 의사소통에 대한 걱정 낮음	낮은 자존감, 의사소통에 대한 걱정이 많음
적극적인 대화 관리 기술	빈약한 대화 관리 기술
긍정적인 가족 의사소통	부정적인 가족 의사소통
우호적, 따스함	비우호적, 차가움
외향적	내성적
말 표현의 의미에 민감함 문화 변용 동기 높음	말 표현의 의미에 둔함 문화 변용 동기 낮음
주인문화에 대한 지식과 친숙성	주인문화에 대한 지식 거의 없음
주인문화가 외국인에게 열려 있음	주인문화가 경직되어 있음
문화 간 훈련량이 많음	문화 간 훈련량이 적음

〈도표 6.1〉 칼리 도드(Carley Dodd)의 문화 간 의사소통 효과를 예언하는 요소들 요약표[194]

위 도표에서 보는 바와 같이 문화 간 의사소통의 기술은 단순한 언어적 혹은 기계적, 인위적 훈련에서 이루어지는 것이 아님을 알게

---

194) Carley H. Dodd, "An Introduction to Intercultural Effectiveness Skills", in *Multicultural Skills for Multicultural Societies*, ed. Carley H. Dodd and Frank F. Montalvo, Washington D.C.: SIETAR, 1987. 자민족 중심주의의 등급은 크렉 후드(Kregg Hood)가 개발한 것이다. "Correlation of Ethnocentrism and World View"(manuscript, Abilene Christian University, Abilene, Texas), 1982.

된다. 이보다 훨씬 더 중요한 요소는 사역자의 태도에 달려 있다. 특히 개인주의적인 자민족 중심주의 성향이나, 소극적이고 폐쇄적인 인간관계로 말미암는 과업 중심주의의 사역은 문화 간 의사소통 효과가 현저하게 저하됨을 알게 된다. 결과적으로 예수 그리스도의 성육신적 타 문화 중심주의에 입각한 태도와 성향이 교차문화 사역에 있어서도 훨씬 효과적이라는 사실을 강조하지 않을 수 없다. 이런 관점에서 교차문화 사역을 위한 자가 점검을 실시해 볼 수 있다(Appendix 1 참고). 이렇게 함으로써 사역자 자신과 접촉하려는 타 문화권의 가치관 혹은 우선순위 등을 이해하게 해줄 개념적 모델을 사용함으로써 인간 상호관계에서 겪을 수 있는 경험 등을 검토해 보려는 것이다.

둘째, 관여(involvement)이다. 현지 문화에 대한 효과적인 의사소통을 위해서 그 문화에 대한 역사적 상황과 배경, 문화적 특징과 사고의 유형에 대해 집중적인 관심을 가지고 현장 경험을 통해 익숙해지도록 직접적인 문화적 환경에 대해 관여해야 한다. 관여는 단순히 문자적인 연구를 의미하는 것이 아니라 문화적 현장과 상황 속에 깊이 침투하는 것을 의미한다. 현지 문화와 역사, 삶의 배경에 대해 자료적인 측면에서 이해하고 연구하는 관점을 넘어서서, 직접적으로 삶의 현장에 들어가 현지 문화에 대해 자세히 관찰하고, 사려 깊은 이해심을 가지고 유의 깊게 살피며, 함께 그 문화의 참여자로서 삶을 구현해 내야 한다. 이러한 몰입적인 관계 속에서 비로소 그 문화 특유의 비언어적인 이해력과 통찰력이 생기게 되고, 예상치 못한 부분에 대해서는 더 깊은 연구로 나아가게 되며, 이러한 것들을 바탕으로 실제적인 사역자의 삶에 있어서 문화적 변용이 가능해지는 것이다.

　우선 복음을 전해야 한다는 사명감만으로 자문화적 관습과 이해를 가지고 현지 문화에 접목하려 한다면, 이는 자칫 문화적 지배자가 되며, 현지인들은 사랑과 구원의 대상이 아니라 종속적 피지배인이 되는 것이다. 예를 들어, 자문화에 익숙한 몸짓언어를 고집하여 상대 문화에 대한 몸짓언어들을 하위문화적인 형태로 간주하려고 한다든지, 자문화에 익숙한 복합시간 개념을 그대로 단일시간 개념에 익숙한 타 문화에 전수시키려는 것은 문화적 제국주의에 해당하며, 그리스도의 성육신적 사역과는 상치되는 결과를 낳게 되는 것이다. 공간언어적 측면에서도 현지인들의 태도 등을 유의 깊게 관찰하고 분석하고 연구하여 적용하려고 애써야 한다. 이것이 진정한 신뢰감을 형성하는 비결이며, 이러한 신뢰감을 근거로 복음 커뮤니케이션이 효과적으로 이루어질 수 있을 것이다. 이러한 과정을 몰입이라고 표현할 수 있다.

　때로는 타 문화권에서 나타나는 비언어적 요소들에 대한 모호함이 있을 수 있다. 약간 이해하기 어렵지만 새롭고 애매한 상황에 반응하기 위해서는 모호함마저 포용하려는 성육신적 자세가 필요하다. 달리 말해서, 타 문화 사역자가 즉시 이해할 수 없는 상황이 발생한다면, 일부러 아는 척하고 소통하는 척하지 말고 모호함 그대로를 인정하고 견디며 겸손하게 배우려는 자세를 견지하는 것이다.

　이러한 겸손함이 좀 더 정직한 신뢰감과 의사소통 능력을 키워준다. 그래서 칼리 도드는 문화 간 의사소통은 본질상 모호한 일로, 다른 사람들, 제도, 조직, 심지어는 사역자 자신에 대한 태도도 어느 때는 이해하기 힘들 정도의 모호함 속에서 이루어진다는 것을 인정하며 자신을 통제할 수 있어야 한다고 권한다.[195] 그래서 전반적인 혼란과 혼돈은 문화의 다양성 때문에 일어나는 자연스런 현상을 받아들여야 한다는 것이다. 그러므로 사역자의 유연성과 신축성은 문화 간 의사소통에 중요한 요소가 되기에, 어떤 상황에서도 당황해 하지 않고 문화의 다양성에 대해 공유하려고 하며 인내하며 이해하며 배우려는 관점에서 몰입해야만 할 것이다.

특히 대화 관리의 영역에 있는 대인 관계에 있어서의 문화적 상황과 조화, 타 문화권 타자와의 대화에 있어서의 반응, 자기 모니터링, 그리고 문화에 적절한 사회적 기술들을 개발하기 위해 몰입해야만 한다. 이렇게 함으로 문화적 규칙 지키기와 문화적 예의범절을 적절하게 유지해 나갈 때에 좀 더 효과적인 신뢰와 의사소통이 이루어질 것이다.

셋째, 의도성(intentionality)이다. 문화적 산물인 비언어적 요소들은 오랜 역사를 걸쳐서 축적되어 익숙해진 요소들이기에 현지 문화권 사람들에게는 자연스런 것이지만, 교차문화 사역자들에게는 때로 부자연스럽고 생소할 때가 많은 것이 사실이다. 더불어 하루아침에 이해할 수 있는 상황들도 아니다. 그래서 어쩌면 현지 문화에 존재하는 그 자체로서 자연스럽게 익혀질 것이라고 생각할 수도 있다. 물론 현지 문화에 오래 살다 보면 자연스럽게 익숙해지는 부분도 있을 것이다. 그러나 앞서 살펴보았듯이, 표피적으로 나타나는 행위는 단순한 행동이 아니라 오랜 역사 동안에 축적되고 생성되어 온 세계관, 가치, 신념들이 복합적으로 표출되는 것이기에, 표출되는 비언어

---

195) *Ibid.*, pp. 283-284.

적 양식들과 형태들은 의도성을 가지고 참여하고, 몰입하고, 연구하지 않으면 쉽게 이해하거나 익숙해지지 않는 법이다.

성육신적 사역자가 되기 위해 현지 문화를 심층적으로 이해하려는 의도성을 가지고 철저히 연구하며 자신에게 적용하는 훈련을 통해 반복하는 실습을 소홀히 한다면, 진정한 복음 전파를 위한 교차문화 커뮤니케이션은 요원할 것이다. 그러므로 교차문화 간 의도적 연구와 훈련은 효과적인 교차문화 사역 수행 능력을 키워 주는 데에 아주 중요한 역할을 하게 된다.[196]

이와 더불어 의도성은 현지 문화에 대한 연구에 국한하지 않고 타 문화권에 대한 교차문화 사역자 자신의 태도에 대한 이해와 평가를 게을리해서는 안 된다는 점이다.

이러한 면에서 김정은은, 문화 간 의사소통의 이해와 실천을 위해 한국 대학생 50명을 상대로 서로 다른 문화권의 사람들과 원활한 소통을 실천하기 위해 필요한 것이 무엇인가를 조사한 결과를 아래와 같이 정돈하고 있다.[197]

- 외국인에 대한 이질감, 두려움을 없애기 위해 직접 외국인을 만나는 다양한 기회를 마련한다.
- 한국의 집단주의 문화와 상대적인 개인주의 문화를 이해하고 인지한다.
- 타 문화권 사람들과의 다양한 교류와 접촉을 통해 이 문화에 대한 정확한 지식과 정보력을 갖추고 이 문화의 정서를 이해한다.
- 외국인의 일상생활 문화, 사고방식과 우리 문화의 차이를 인정

---

196) Duane Elmer, op. cit., pp.130-139.
197) 김정은, op. cit., p.130.

하고 존중한다(문화상대주의).
- 편견과 고정관념 없이 외국인과 외국의 문화를 바라보는 태도가 필요하다.
- 모든 인간은 문화적으로 평등하다는 가치관을 머리가 아닌 마음으로 받아들여야 한다.

결국, 효과적인 교차문화 사역을 위해서는 타 문화권을 이해하려는 의도적인 사역자 자신의 태도가 무엇보다 중요함을 말해 주고 있다. 사역자 자신의 문화와 다른 생활방식, 사고방식, 인식과 습성의 차이점을 있는 그대로 인정하고 그대로 받아들이는 태도와 자세에서부터 교차문화권 사역은 시작되는 것이다.[198]

교차문화 수용능력 개발을 위해 워커(D. Walker)는, 서로 다른 문화적 배경을 지닌 사람들의 문화를 있는 그대로 받아들일 수 있도록, 문화 간 소통 유형을 이해하고 직접적으로 문화 간 소통을 실천하는 데 도움이 되는 교차문화 수용능력 개발 방법을 개방적 자세, 자신과 타인에 대한 인식, 문화적 지식, 문화 간 훈련과 기술 등 4단계로 제시하고 있다(Appendix 2 참고).[199] 더불어 진정성 있는 자세로 예수 그리스도의 사신이 되어 현지 문화에 대한 존경과 인내심을 가지고 최선을 다해 자신을 점검하며 노력한다면(Appendix 3 참고), 언젠가는 신뢰감을 주게 되어 마침내 진정한 복음 커뮤니케이션을 이룰 것이라 확신한다.

---

198) Duane Elmer, *op. cit.*, pp.140-145.
199) D. Walker & T. Walker, *Doing Business Internationally: The Guide to Cross- Cultural Success*, New York: Irwin, 1995. 김정은, *ibid.*, pp.131-148에서 재인용.

넷째, 언약 공동체적 팀워크(Covenantal community teamwork)이다. 교차문화 사역자들의 마음 중심에는 언제나 자신이 수행해야 할 과업에 대한 책임감으로 사명에 충성을 다하게 된다. 그러기에 타 문화권에서 사역하는 선교사들은 동료 선교사들과 현지인들과의 모임과 만남과 훈련이 주로 과업 중심적으로 이루어질 때가 많이 있다. 물론 복음적 과업 수행이 중요하다는 것을 부인할 수 없다. 그러나 프로젝트나 과업 중심으로 사역하다 보면, 보다 더 중요한 언약적 관계에 치명적인 손상을 가져올 수 있음을 명심해야 한다.

이 점에 대해 타문화 선교 사역에 직접적이고 다양한 경험을 가지고 있는 셔우드 G. 링겐펠터(Sherwood G. Lingenfelter)는 과업 중심보다는 최우선순위로 언약 공동체로서의 팀 사역을 진지하게 주장하고 있다.[200]

자칫 과업 중심으로 사역하게 되면 처음에는 인간의 성취욕으로 어느 정도 성과를 내기 쉽지만, 그 과업이 중심이 되었기에 궁극적으로는 그 프로젝트에 참여한 자들의 다양한 문화권에 따른 가치관의 충돌로 말미암아 더 큰 복음적 가치관을 상실할 우려가 있고, 더 나아가 하나님의 백성으로서의 언약 공동체에 이득보다는 해를 입힐 가능성이 더 많음을 지적하고 있다.[201]

---

200) Sherwood G. Lingenfelter, 《타문화 사역과 리더십》(Leading Cross- Culturally), 김만태 역, 서울: CLC, 2011, pp.85-98.
201) Ibid., 그는 뉴기니아(New Guinea) 선교사 짐(Jim)이 실패한 '딸기 프로젝트'의 사례 연구를 소개하고 있다. 현지 농산물 시장이 문을 닫게 되자 현지인들이 질 좋은 딸기를 강에 마구 버리는 것을 목격한 짐이 현지인들과 함께 새로운 시장을 개척하였고 많은 이윤을 얻어 현지인들에게 커다란 경제적 유익을 안겨주었다. 그러나 나중에는 더 큰 이득 추구를 위해 서로를 속이는 모습을 보면서, 마침내 그 프로젝트는 실패로 돌아가게 되었음을 경험한다. 이러한 실패의 원인이 이윤 추구라는 경제적 목표를 달성하기 위한 과업 중심의 우선순위였음을 깨닫게 되자, 그는 하나님 나라를 위한 언약 공동체의 팀워크를 경제적 이윤 추구보다 더 우선해야 한다는 결론에 이르게 된다.

그는 이러한 경험을 통해 과업 중심의 경제적 이윤 추구가 우선의 목표가 되어서는 안 되며, 하나님 나라의 언약 공동체의 팀워크가 우선해야 함을 간파하고, 이를 이루기 위해 성경적인 관점에서 가르치고 실행해야 할 여덟 가지 원리를 아래의 〈도표 6.2〉로 소개하고 있다.[202]

언약 공동체	성경 본문
하나님의 택한 백성으로서의 정체성	출 20:1-6; 마 10:32-42; 요 1:10-13; 고전 1:2; 골 3:12; 벧전 1:1-2, 2:9-10
성령의 임재	출 31:1-6; 욜 2:28-32; 눅 9:1-2; 고전 12:7-11; 갈 3:1-5; 히 2:3-4
서로 사랑하라	레 19:18; 요 13:10; 갈 5:13-14; 벧전 1:22-23, 3:8-9
다양성 속에서의 한 몸: 사도, 선지자, 교사, 치료자, 돕는 자, 치리하는 자와 같이 다양한 은사를 가진 섬기는 제자들	출 35:30-36:1; 민 17:1-18:7; 마 20:25-28; 고전 12:27-31; 엡 4:1-16
연합하여 함께 일하는 한 몸: 모든 사람에 대한 존중, 존경, 동등한 관심	렘 32:38-40; 겔 11:19; 요 17:20-23; 고전 12:21-26; 살전 5:12
서로에게 순복하기: 예외 없이 모두가 지켜야 함	마 16:24-26; 갈 5:13-15; 엡 5:21; 벧전 2:13-17, 3:8-12, 5:5
은혜롭게 말하기: 판단, 정죄, 거짓 증거를 하지 말고 서로 세워 주고 격려함	출 23:1-9; 마 7:1-12; 고전 4:1-5; 약 4:11-12
긍휼히 여기며 회복을 이루기: 용서하고 죄를 범한 사람을 회복시킴	신 4:31, 15:7-10; 미 6:8; 눅 6:27-38; 갈 6:1-3; 골 3:12-14; 벧전 3:10-11

〈도표 6.2〉 링겐펠터의 언약 공동체를 위한 8원리

원래 '언약 공동체'란 말은, 이미 서론에서 살펴보았듯이, 구약에

---

[202] Ibid., p.94.

서부터 신약에 이르기까지 하나님과 그의 백성들 간의 관계적 속성을 가장 분명하게 드러내 주는 선교신학적 용어이다. 아담과 하와로부터 시작된 창조의 언약적 관계는 노아를 통해 보존의 언약으로, 모세를 통해 율법의 언약으로, 다윗을 통해 왕권의 언약으로 묘사되었지만, 궁극적으로는 오실 메시아, 예수 그리스도를 통한 새 언약으로 성취되는 특징이 있다. 이러한 면에서 언약 공동체는 하나님과 그의 백성들 간에 이루어져야 할 궁극적 언약의 관계이다. 이러한 측면에서, 다양한 문화 간의 사역이라 할지라도, 사역의 궁극적인 목적은 그 어떤 것보다 우선적으로 하나님과 그의 백성 간의 언약 공동체를 지향해야 함을 시사하는 것이다. 이런 의미에서 교차문화권 사역자들은 철저하게 예수 그리스도를 중심으로 하는 하나님의 언약적 관계로 팀워크를 이루어야 하며, 궁극적인 사역의 목적도 하나님의 백성으로서의 신실한 언약적 공동체를 만들어 가는 데 두어야 할 것이다.

마지막으로, 효과적인 교차문화 사역을 위한 비언어적 커뮤니케이션을 학습할 수 있는 산학협동체제[203]를 구축하는 일이 무엇보다 시급하다. 문화인류학은 단순한 학문적 이론이 아니라 지구상에 존재하는 다양한 문화권에 대한 이해와, 그 현장에서 끊임없이 생성되고 개발되는 다양한 경험들을 바탕으로 끊임없이 재구성되는 학문 체계이다. 그러한 학문 체계의 특성상 다양한 문화권에서 사역하는 현장 사역자들과의 끊임없는 협력 체계와 교류가 효과적으로 뒷받

---

203) '산학협동체제'란 학계와 기업 간의 제휴를 통해서 보다 합리적인 이론 정립과 실제적인 적용을 꾀하기 위해 시도되는 모든 협력 체제를 의미하는데, 기업 경영 이론에서 시작된 용어이다.

침되어야 한다.

그러한 협력 체계를 바탕으로 체계화되는 학문적 이론은 언제나 역동적(dynamic)이어야 하며, 현장 선교사들은 이러한 역동적 이론들을 바탕으로 끊임없이 현지 문화에 깊이 침투하여 복음 커뮤니케이션을 실천하고 추구해 나가야 한다. 그럴 때에 비로소 예수 그리스도의 성육신적 복음 커뮤니케이션은 생명의 열매로 가득할 것이다.

이러한 교차문화 사역을 위한 산학협동체제를 위해서는, 신학교에서 혹은 선교 훈련 기관에서 구체적인 커리큘럼 안에 실천 방안 등을 내포해야 한다. 막연한 필요성이 아니라 세계에 흩어진 다양한 문화권에서 사역하는 사역자들과, 교차문화, 문화인류학에 대해 연구하는 학자들과, 이에 관심이 있는 많은 사람들이 함께 모여 다양한 문화권에서의 복음 커뮤니케이션을 효과적으로 이룰 수 있는 방안들을 계속해서 개발하고 발전시켜 나갈 수 있는 장·단기적인 세미나나 포럼을 통해 산학협동체제가 구체적으로 실천되어야 한다.

사도행전에 나타나는 초대교회나 사도들의 교훈을 유의 깊게 살펴보면, 오늘날과 같이 목회와 선교를 분리하여 다루지 않고 오히려 통합적인 목회-선교의 모델이 제시되고 있음이 발견된다. 사도들이 흩어지면서 복음을 증거하여 교회를 세우고 일꾼들을 양성하는 그 자체가 목회였으며 동시에 선교였다. 그래서 일꾼들이 세워지면 그들은 성령의 인도하심에 따라 자연스럽게 교차문화권 선교 사역에 헌신하게 되었음을 보여준다.[204]

---

[204] 행 13:1-3. 대표적인 교회가 안디옥 교회이다. 그러나 이미 성령의 인도하심에 따라 베드로는 환상을 통해 이방 선교의 당위성을 깨닫게 된다(행 10:1-48). 나아가 사도행전의 전체적인 내용들은 목회와 선교를 따로 분리하여 다루고 있지 않으며, 타 문화권에 있는 교회들이 자연스럽게 예루살렘 교회를 돕는 것을 통해 목회가 선교요, 선교가 곧 목회

그러므로 목회와 선교를 따로 분리하여 가르치는 것은 현대신학의 맹점이며, 새롭게 조명해야 할 과제로 생각한다. 지금까지 필자가 공부한 신학교들을 살펴보면, 목회와 선교를 따로 분리하여 연구하고 가르쳐 온 경우가 대부분이다. 이제 통합적인 학문 체계를 위해서 각 신학교에서는 이론과 실천, 목회와 신학을 통합하는 융합 학문으로 커리큘럼을 새롭게 구성할 것을 제안한다.

실제로 목회학이나 선교학을 분리할 것이 아니라 통합적 모델로 제시하는 학문적 연구가 뒷받침되어야 하는데, 필자는 "목회-선교신학의 통합적 모델"로 교차문화 커뮤니케이션(intercultural communication)을 그 대안으로 제시하고 싶다.

특히 목회와 선교를 성경적인 복음 커뮤니케이션의 모델로 연구하는 방안이 미비한 가운데, 간혹 커뮤니케이션에 대한 내용이 들어 있기는 하지만 실제적인 과목이 전무함을 보게 된다. 목회, 설교, 상담, 선교 등의 실천신학 부문에서의 모든 원리는 문화적인 이해를 바탕으로 하는 대인 커뮤니케이션의 관점에서 재해석되어야 한다는 것이 필자의 주장이다. 이는 현실적인 문화적 상황(cultural context)을 살펴보면 더욱 분명하게 깨닫게 된다.

최근 전 세계가 점점 지구촌화되면서 모든 사회는 다양한 문화적 융합 사회로 빠르게 재구성되고 있다. 한국 사회도 인구통계학적 변화로 인해 빠르게 다문화사회에 진입하면서, 신앙 교육이나 선교 패러다임에 있어서도 새로운 성경적, 문화적 이해와 실천의 논의가 본격화되어야 할 것이다.

임을 보여준다. 필자는 이러한 초대교회의 모델을 '목회-선교의 통합적 모델'로 칭한다.

예를 들어, 2007년 12월 21일자로 한국 거주 외국인 이주민은 단기 체류 외국인을 포함해서 1,066,273명으로 100만 명을 돌파하였고, 주민등록 인구의 2% 시대에 돌입하였다. 이중 외국인 노동자가 47.1%를 차지하고 있으며, 결혼한 이민자가 10.4%, 외국인 유학생이 5.7%이다. 한국에 국가 간의 계약에 의해 노동자로 입국하는 나라가 15개국 이상이며, 국제결혼으로 이주하는 여성의 나라만도 126개국 이상이다(한국염, 2010). 또한 2010년 1월 국내에 90일 이상 거주하고 있는 외국인은 1,139,283명으로 우리나라 인구의 2.3%를 차지하고 있다(행정안전부, 2010).[205] 그런데, 2018년 기준 법무부 통계에 따르면, 국내 체류 외국인이 무려 2,367,600여 명으로 전년 대비 8.6% 증가한 것으로 나타났다.[206]

이는 전체 인구 대비 외국인 비율은 2014년 3.50%에서 4.57%로 매년 급속히 증가하고 있는 셈이다. 국적별로는 한국계 중국인이 1,070,566명(45.2%)으로 가장 많으며 그다음으로 태국 197,764명(8.4%), 베트남 196,633명(8.3%), 미국 151,018명(6.4%), 우즈베키스탄 68,433명(2.9%), 일본 60,878명(2.6%) 등 순이었다. 또한 국내 유학생은 160,671명으로 전년 대비 18.9% 증가했으며, 외국인 증가 못지않게 불법 체류율도 많이 올라 2017년 11.5%에서 2018년 15%로 증가했다고 한다.[207]

이처럼 한국의 다문화사회로의 급속한 변화에 따라 교차문화 사역에 관한 목회-선교 신학적 융합 커리큘럼의 강화가 시급하게 요청된다고 본다. 이러한 현상은 비단 한국에만 있는 것이 아니다. 이제

---

205) 윤노아, 〈청소년의 국민정체성 인식을 통해 본 다문화시대 통일교육 이념으로서 민족주의의 타당성〉, 2011년 통일 논문집, 통일부 통일교육원, 2011, p.10.
206) 2019년 5월 28일 〈매일경제 신문〉 인터넷판. https://www.mk.co.kr/news/society/view/2019/05/355850/.
207) Ibid.

어느 나라를 막론하고 다문화사회로 형성되고 있기에, 목회-선교 지망생들에게는 교차문화 커뮤니케이션이 선택이 아니라 필수과목으로 자리잡아야 한다고 생각한다. 이를 위해 교차문화 사역을 위한 기독교 커뮤니케이션에 대한 이론적 바탕은 물론, 다양한 문화 현장에서 실제적인 사역을 감당하는 사역자들과의 산학협동체제는 매우 중요한 일이 아닐 수 없다. 이를 토대로 실제적인 연구에 헌신할 수 있는 학자들이 많이 배출되어야 함은 두말할 나위가 없다.

감사한 것은, 이러한 교차문화 사역을 위한 연구와 구체적인 실천방안의 필요성을 일찍이 간파한 Grace Theological Seminary는, 교차문화 선교 사역에 오랜 세월 직접 경험한 탐 스톨터와 러시아 선교사 출신 한국인 교수 박시경을 중심으로 이를 구체화시켜 최근 교차문화학 박사 과정(doctor of intercultural studies)을 신설하고, 구체적인 커리큘럼을 가지고 현지 선교사들과 연계된 학문 체계를 공고히 하고 있다는 점이다. 이것은 단순히 선교학계에서만 환영받을 만한 일이 아니라, 온 세계가 함께 마을이 되어 가는 지구촌(global village) 교차문화권에 있는 모든 사역자들을 섬기는 귀한 산학협동의 장이 될 것을 의심치 않는다.

결론적으로, 이 책에서는 교차문화권에서 발생할 수 있는 비언어적인 커뮤니케이션을 집중하여 다루었지만, 이후로는 언어적인 커뮤니케이션을 융합한 통합적인 복음 커뮤니케이션에 대한 심도 깊은 연구가 활발하게 진행되기를 고대해 본다.

부록

Appendix 1 교차문화 사역을 이해하기 위한
              가치모델 자가 점검표
Appendix 2 교차문화 수용능력 개발 방법-4단계
Appendix 3 교차문화 적응력 자가 진단표
Appendix 4 비언어적 의사소통 행동의 관찰
              (Observations of Nonverbal Communication Behavior)
Appendix 5 단일시간 개념(Monochronism)과
              복합시간 개념(Polychronism) 측정표
Appendix 6 자민족 중심주의(Ethnocentrism) 자가 진단표

Appendix 1.
교차문화 사역을 이해하기 위한 가치모델 자가 점검표[208]

설문

다음 사항이 당신의 생활방식이나 사고에 어느 정도 관계가 있는지 생각해 보라. 그 내용이 당신과 전혀 관계가 없다면 빈칸에 1이라고 쓰고, 매우 비슷하다면 7이라고 쓰라. 약간 해당된다면 4라고 쓰고, 별로 관계가 없다면 2 또는 3을 쓰고, 상당히 관계가 있다면 5 또는 6이라고 쓰라. 1부터 7까지 어느 숫자나 쓸 수 있다.

___ 1. 나는 큰 회사에서 일하는 것에 대해 만족을 느끼지 못할 것이다. 왜냐하면 내가 전체적인 청사진을 전혀 본 적이 없었기 때문이다.
___ 2. 나는 사람들을 찾아 무슨 화제로든지 이야기하기를 즐긴다.
___ 3. 나는 목표를 세우기를 두려워하는데, 그 이유는 목표를 달성하지 못할지도 모른다는 생각 때문이다.
___ 4. 나의 자아상을 결정하는 데 있어, 나 자신이 나를 어떻게 평가하는가가 다른 사람이 나를 어떻게 평가하는가보다 중요하다.

---

208) Sherwood G. Lingenfelter & Marvin K. Mayers, 《문화적 갈등과 사역-인간관계와 성육신》 *Ministering Cross- Culturarally -An Introductional Model for Personal Relationships*), 왕태종 역, 서울: 죠이선교회, 2004, pp.27-34.

___5. 나는 장래에 대하여 많이 생각하는 편이 아니다. 나는 그저 어떤 일이 생길 때마다 그때 그때 대처하기를 좋아한다.

___6. 나는 매사에 옳고 그름의 구별이 뚜렷이 있다고 생각한다. '중간 영역'에 대해 토론하는 것은 진리를 타협하는 것 같아 불안하다.

___7. 결정을 내릴 때 꼭 한 가지만이 올바른 결정이라고 생각하지 않는다.

___8. 일단 목표를 정하면 그 결과로 인해 나의 다른 영역에 지장이 있어도 나는 그 목표를 위해 정진한다.

___9. 나는 항상 남보다 먼저 새로운 것을 시도하는 사람 중의 하나이다.

___10. 나는 나와 비슷한 사회적 지위에 있는 사람들하고만 사귀려고 하는 경향이 있다.

___11. 나는 시간을 매우 부족한 것이라고 생각하며 소중히 여긴다.

___12. 내 차를 수리해야 할 필요가 있다면 자동차 정비소에서 일하는 옆집 사람에게 부탁하기보다는 판매 대리점에 의뢰하겠다. 아무래도 전문가가 더 잘할 것이기 때문이다.

___13. 나는 청중 앞에서 무엇을 하는 것을 좋아한다. 더 잘할 수 있도록 나를 자극하기 때문이다.

___14. 차를 살 경우, 친구나 가족의 의견 못지않게 '소비자 보고서'에 유의한다.

___15. 내 책상이나 사무실은 매우 잘 정돈되어 있다. 각각 놓일 자리가 있고 항상 물건이 그 자리에 놓여 있다.

___16. 내게 중요한 문제들에 대한 해결책을 얻기 위해 나는 전문서적을 읽거나 전문가의 강의를 듣는다.

___17. 비록 타 도시로 이사해야 한다는 조건이지만 승진의 기회가 주

어지면 나는 가족이나 교우관계 때문에 망설이지 않고 이사 갈 것이다.

___18. 나보다 직업상이나 사회적으로 지위가 월등히 높은 사람들을 대하는 것이 힘들게 느껴진다.

___19. 나는 항상 시계를 차고 다니며 무슨 일에나 시간을 지키기 위하여 시계를 자주 본다.

___20. 사람들이 나를 융통성 없는 사람같이 취급하면 나는 매우 좌절감을 느낀다.

___21. 나는 생길지도 모르는 문제들에 대해 염려하지 않는 편이다. 일에 착수하기 전 문제가 생길 때까지 기다렸다가 나는 행동한다.

___22. 줄을 서서 기다릴 때면, 나는 모르는 사람과 이야기를 시작하는 경향이 있다.

___23. 지각은 질색이다. 지각하기보다는 차라리 불참한다.

___24. 어떤 특별 행사가 생기면, 나는 다른 계획을 변경시켜서라도 꼭 간다.

___25. 나는 앉아서 매일 그날의 계획을 짜며, 계획대로 수행하지 못하면 화가 난다.

___26. 나는 토론할 때 모든 사람의 이야기를 듣기 전에는 어느 누구의 편도 들지 않는다.

___27. 나는 "목적이 수단을 정당화한다"는 말에 동의한다.

___28. 나는 종종 판에 박힌 일에서 벗어나 전혀 다른 일을 함으로써 생활을 흥미진진하게 유지하기를 즐긴다.

___29. 어떤 일을 맡으면, 다른 일을 늦게 처리하는 일이 있더라도 그것을 끝낼 때까지 계속한다.

___30. 단골 음식점에 가는 경우, 내가 주문하는 음식은 정해져 있다.
___31. 비가 올 것 같아도 친구의 저녁 식사 초대에 응하며, 폭우에 망가진 지붕 수리 때문에 못 간다고 거절하지 않는 편이다.
___32. 비록 그들이 틀렸다 생각되더라도 나는 항상 상관이나 목사님, 선생님 등의 권위에 순종한다.
___33. 우리는 표준말이 있으며, 모든 한국인은 표준어를 써야 한다고 생각한다.
___34. 음식을 더 맛있게 요리하기 위하여 나는 요리책에 있는 조리법을 바꾸어 보곤 한다.
___35. 내 의견이 틀렸다 생각되어도 한번 논쟁을 시작했으면 끝까지 우긴다.
___36. 나는 과거에 성취했던 일들은 크게 중시하지 않는다. 매일매일 무엇인가 이루어 가야 한다고 생각한다.
___37. 새로 일을 시작할 경우 동료에게 나의 능력을 보여주기 위해 더 열심히 일한다.
___38. 나는 사람을 소개할 때 거의 언제나 직업과 직책을 언급한다.
___39. 나는 문제가 생기면 다른 사람들과 나누고 조언을 구한다.
___40. 나는 잘하지 못하는 게임에는 참여를 하지 않는다.
___41. 심부름으로 급하게 가는 길이라도 친구와 이야기하기 위하여 잠시 멈출 수 있을 것이다.
___42. 나는 내년과 다음 5년간 이루고자 하는 일들을 구체적으로 계획해 놓았다.
___43. 나는 여러 가지 일을 벌여 놓기를 좋아한다. 그러면 언제든지 할 일에 대한 선택의 여지가 있기 때문이다.

부록. Appendix 1. 교차문화 사역을 이해하기 위한 가치모델 자가 점검표

___44. 중요한 물건을 살 때 나는 이것 저것 고르기보다는 제일 먼저 마음에 든 것을 산다.

___45. 예술품을 보면 나는 그 예술가의 생각과 의도를 이해하려 힘쓴다.

___46. 나는 확실한 결론에 도달할 수 없는 주제에 관하여 토론할 때면 불편함을 느낀다.

___47. 시간표에 맞춰 일하는 것보다는 일이 생길 때마다 그때 그때 일하는 것을 좋아한다.

___48. 모임을 인도할 때 나는 항상 정각에 시작하고 끝내기를 힘쓴다.

분석

당신 개인의 평가를 내리기 위하여, 설문서에 있는 각각의 항목에 대한 당신의 점수를 아래에 표시하라. 예를 들어 항목 (1)에 대한 당신의 점수가 5였다면 "전체적 사고란"의 첫째 칸에 5를 써 넣으라. 그리고 각 난에 있는 5개의 숫자를 더해서 총합을 5로 나누면, 각 특성에 대한 당신의 평균 점수를 얻게 된다.

						총점	평균
1. 시간 중심	11	19	23	25	48		
2. 행사 중심	5	24	29	31	47		
3. 분석적 사고	6	11	15	33	46		
4. 전체적 사고	1	5	20	26	45		

5. 위기 중심	___	___	___	___	___	___	___	___
	6	12	16	30	44			
6. 비위기 중심	___	___	___	___	___	___	___	___
	7	9	21	34	43			
7. 업무 중심	___	___	___	___	___	___	___	___
	8	12	17	27	42			
8. 사람 중심	___	___	___	___	___	___	___	___
	2	13	22	31	41			
9. 신분 중심	___	___	___	___	___	___	___	___
	10	18	22	31	41			
10. 업적 중심	___	___	___	___	___	___	___	___
	4	14	20	33	38			
11. 약점 은폐	___	___	___	___	___	___	___	___
	3	23	32	35	40			
12. 약점 노출	___	___	___	___	___	___	___	___
	9	13	28	34	39			

개인 평가(personal profile)

각 성향에 대한 당신의 평균 점수를 각각의 축에서 찾아보라. 그리고 두 개의 평균 점수가 만나는 점을 아래 좌표상에 표시하라. 이 점이 당신의 기본 성향을 가리킨다. 기본적인 특성들에 대한 당신의 평가는 자신의 문화 내에서 각 개인의 행동 이면에 있는 동기를 근사적으로 나타내 주는 것이다.

예를 들어, 첫 번째 좌표상에 있는 (2, 6)의 점수(행사가 차지하는 우선순위는 2이고, 시간은 6의 비율을 갖는다는 말)가 나타내는 바는 시간 제약이 행사를 완수하려는 마음보다 개인의 결정과 행동에 훨씬 더 강한 영향력을 행사한다는 것이다. (2, 2)의 점수는 어떤 특성도 강한 영향력을 갖지 않는다는 것을 뜻할 것이다.

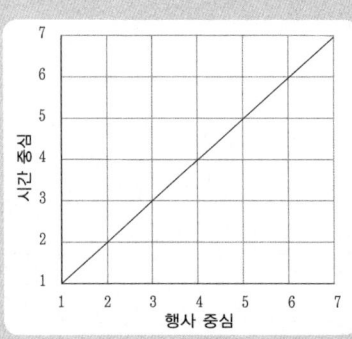
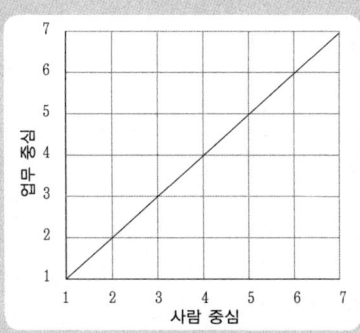
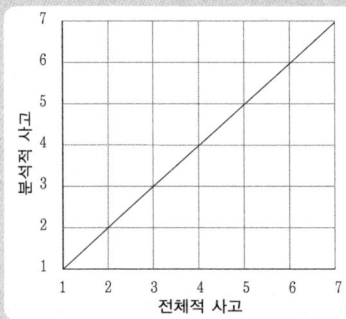
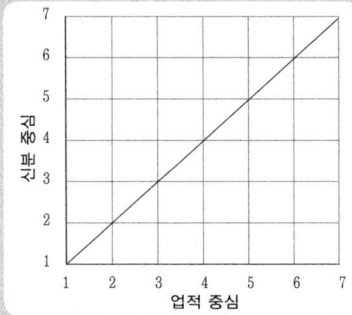
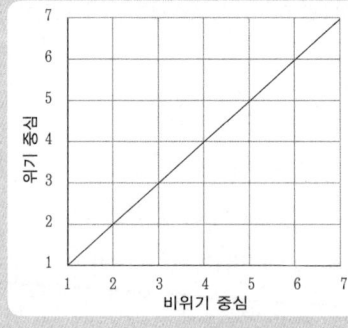
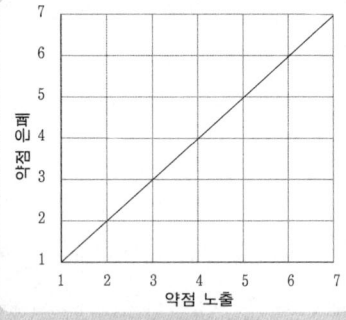

기본 가치에 대한 관한 개인적인 평가는 몇 가지 방법으로 적용될 수 있다.

(1) 우리가 기대하는 대로 행동하지 않는 사람에 대하여 판단을 내릴 때 기준으로 삼을 수 있다.

(2) 다른 문화권의 사람과 갈등을 일으킬 소지가 있는 쪽으로 가고 있으므로 피해야 한다고 알려주는 레이더 신호와 같은 역할도 할 수 있다.

(3) 또한 다른 문화권의 사람과의 관계에 있어서 최대한의 지적인 유대관계를 유지하도록 돕는 통찰력과 같은 역할을 한다.

부록. Appendix 1. 교차문화 사역을 이해하기 위한 가치모델 자가 점검표

Appendix 2.
교차문화 수용능력 개발 방법-4단계[209]

> **1단계: 개방적 자세**
>
> 타 문화를 수용할 수 있는 개방적인 태도 개발을 위해 다음의 내용을 점검한다.
>
> * 타 문화의 이질성을 있는 그대로 인정하는 열린 마음을 지니고 있는가?
> * 객관적으로 나 자신의 문화적 성향을 관찰하고 역효과를 초래하는 자문화의 습관에서 벗어날 수 있는 마음의 준비가 되어 있는가?
> * 타 문화의 방식이 나의 문화와 상반되거나 내가 인지하고 있는 적절한 방식과 일치하지 않을 때 상대방의 방식을 수용할 수 있는가?
> * 타 문화에 대한 성급한 평가를 자제하고 고정관념에 얽매이지 않으며 자민족 중심주의의 행위를 지양하면서 타 문화를 경험하려는 열린 마음을 지녔는가?
> * 안정된 마음과 침착한 행동을 유지하면서 타 문화의 관점에서 사안을 바라볼 수 있는가?

---

[209] D. Walker & T. Walker, *Doing Business Internationally: The Guide to Cross-Cultural Success*, New York: IRWIN, 1995.

2단계: 자신과 타인에 대한 인식

자신의 문화와 타인의 문화 사이의 이질성과 동질성 인식을 위해 다음의 내용을 점검한다.

〈자신에 대한 인식〉
* 나 자신의 문화적 성향은 어떠한가?
* 나의 이러한 문화적 성향이 생활 속에서 어떠한 영향을 미치는가?
* 내가 속한 문화적 성향이 생활 속에서 어떠한 영향을 미치는가?
* 내가 속한 문화와 내가 접하는 타 문화 사이에서 나는 얼마나 이질 적인가?
* 나의 타 문화 적응력은 어느 정도인가?
* 타 문화와의 접촉을 위해 나의 능력을 어떻게 증진시킬 수 있는가?

〈타인에 대한 인식〉
* 타 문화권 사람들의 문화적 성향은 어떠한가?
* 생활 속에서 그들의 문화적 성향은 어떠한 영향을 미치는가?
* 타 문화권 사람들의 주된 문화는 어떠한 것인가?
* 그들 문화의 주요 변인은 어떠한 것인가?
* 그들의 타 문화 적응력은 어느 정도인가?
* 나의 문화에 대해 배우고자 하는 그들의 의지는 어느 정도인가?
* 나와 다른 문화권 사람들 간에 공통적인 부분이 존재하는가?
* 어떻게 서로의 공감대를 형성할 수 있는가?

3단계: 문화적 지식

전반적인 문화적 기초를 쌓기 위해 다음의 내용을 점검한다.

* 모든 문화 또는 특정한 문화에 대하여 내가 반드시 알아야 할 것은 무엇인가?
* 내게 필요한 문화적 지식을 제공할 수 있는 자료는 무엇인가?
* 장기적으로 나에게 도움이 될 수 있는 실천적 문화 지식을 어떻게 지속적으로 습득해 갈 것인가?

4단계: 문화간 훈련과 기술

문화간 접촉의 효율성을 극대화할 수 있는 행동 개발을 위해 다음의 내용을 점검한다.

* 문화적 인식과 지식을 어떻게 의사소통을 위한 기능적 기술로 활용할 것인가?
* 어떤 기술이 문화 간 갈등을 최소화하는 데 도움이 될 수 있는가?
* 어떻게 문화 간 기술을 지속적으로 익히고 문화적 수용능력을 개발할 수 있는가?
* 문화 간 기술을 타 문화 학습에 대한 개방적 자세를 강화하는 데 어떻게 사용할 수 있는가?

Appendix 3.
교차문화 적응력 자가 진단표[210]

〈정서적 회복력의 요인별 측정 항목〉

제1요인: 스트레스와 모호함에 대한 대처 능력

* 나는 새로운 상황의 스트레스를 다루는 방법이 있다.
* 나는 어디에 있든지 생활에 대처하는 능력이 있음을 확신한다.
* 나는 긍정적인 태도를 가지고 익숙하지 않은 상황에 접근하는 것이 어렵다.
* 나는 새로운 문화에서 경험하게 될지 모르는 어려운 감정에 잘 대처할 수 있다.
* 나는 어떤 일이 명백하지 않은 상황에서도 잘 지낼 수 있다.
* 새로운 환경이나 사람들 속에 있는 스트레스 상황에서도 잘 생활할 수 있다.

---

210) Collen Kelly & Judith Meyers, *The Cross-Cultural Adaptability Inventory*, National Computer System, 1995. 교차문화 적응력 검사도구는 '정서적 회복력, 유연성/개방성, 인지적 예민성, 개인적 자율성'의 4가지 요소를 측정하기 위해 총 50문항으로 되었으며, 각 문항마다 7점 척도로 자기 평가표에 점수를 매길 수 있다(매우 강하게 동의하다(1), 강하게 동의하다(2), 동의하다(3), 모르겠다(4), 동의하지 않는다(5), 강하게 동의하지 않는다(6), 매우 강하게 동의하지 않는다(7)로 자기 점수를 매긴다). 150-200점을 중간치로 해서 중간 점수보다 낮을수록 교차문화 적응력이 뛰어나며, 반면에 중간 점수보다 높을수록 교차문화 적응력이 낮다고 평가할 수 있다.

제2요인: 불완전함, 실수에 대한 수용과 회복

* 내가 문화적 실수를 하더라도 나는 웃을 수 있다.
* 삶의 새로운 상황에서 실패하더라도 나는 여전히 나를 좋아한다.
* 나와 많이 다른 사람과 함께 일하더라도 나는 거의 낙심하지 않는다.
* 타인이 나의 불완전함을 어떻게 보든지 상관하지 않고 나의 불완전함을 받아들일 수 있다.

제3요인: 새로운 경험에 대한 시도

* 나는 새로운 것에 대한 시도를 좋아한다.
* 나는 새로운 음식을 먹어보는 것을 즐기지 않는다.
* 나는 새로운 경험을 좋아한다.
* 다른 문화적 배경을 지닌 사람과 함께 일할 때, 그들의 인정을 받는 것이 중요하다.

제4요인: 새롭거나 익숙지 못한 상황에서의 대인관계

* 내가 경험한 문화와 다른 문화적 배경의 사람을 고용해야 할 때, 나는 잘 판단할 확신이 있다.
* 나는 쉽게 친구를 사귄다.
* 나는 새로운 상황에서 의사소통할 수 있는 능력이 있다.

공통 요인

* 나는 어디에서든지 살 수 있고 삶을 즐길 수 있다.

〈유연성/개방성의 요인별 측정 항목〉

제1요인: 익숙하지 않은 사람, 생각에 개방적임

* 나는 나와 다른 사람과 관계 맺는 것을 즐길 수 있다.
* 나는 나와 다른 사람과 함께 있는 것을 좋아한다.
* 나와 관심사를 나누지 않는 여러 사람과 상호작용 할 수 있다.
* 나와 다른 사람들 속에 있을 때, 외로움을 느낀다.
* 나와 다른 사람을 만날 때, 그들을 알게 되는 것이 흥미롭다.
* 나와 다른 생각을 하는 사람과의 만남을 즐긴다.
* 나는 나와 다른 사람에게 도움을 준다.
* 나와 다른 사람을 만날 때 그를 좋아하길 바란다.

제2요인: 자신과 다른 사람에 대한 관용

* 나와 다른 사람이 있을 때, 그들에게 영향을 주는 것이 내 자신을 챙기는 것보다 중요하다.
* 나는 나와 다른 사람을 잘 이해하지 못한다.
* 나를 아는 사람은 내가 다른 사람과의 차이를 수용하지 못한다고 평가할 것이다.
* 나는 다른 사람을 만날 때, 그들의 차이점을 판단하는 경향이 있다.

제3요인: 경험에 대한 유연성

* 나는 다른 문화권에서도 나의 삶을 충분하게 누릴 수 있다고 믿는다.
* 내 삶의 속도보다 느린 생활에 적응해야 한다면 나는 인내할 수 없을 것이다.
* 나는 익숙하지 않은 환경에서도 혼자 시간 보내는 것을 즐길 수 있다.

〈인지적 예민성 측정 항목〉

* 다른 문화권의 사람들과 의사소통할 때, 그들의 생각이나 느낌을 이해하려고 노력한다.
* 나는 다른 문화권의 사람들이 나를 어떻게 보는가에 대해 현실적인 인식을 가지고 있다.
* 나는 나와 다른 사람에게 도움을 줄 수 있는 사람이다.
* 나와 다른 문화권의 삶이 어떻게 느끼는지 지각할 수 있다.
* 모든 문화는 각각 제안하는 가치가 있다고 믿는다.
* 다른 문화권의 사람이 나를 지각하는 데 문화적 차이가 영향을 주는지 주의를 기울인다.
* 의사소통에서 나의 행동이 다른 문화권의 사람에게 주는 영향을 고려한다.
* 나와 다른 문화권의 사람과 있을 때, 그들 문화 맥락에서 그들의 언어 행동을 해석한다.
* 내가 새롭고 낯선 환경에 있을 때, 항상 열린 마음을 가지고 있다.
* 다른 문화권의 사람과 의사소통을 할 때, 나는 그들의 신체언어에 주의를 기울인다.

〈개인적 자율성 측정 항목〉

* 익숙하지 않은 상황에서도 나는 시작한 것을 성취할 수 있다고 믿는다.
* 인종에 상관없이 모든 사람이 평등하다고 믿는다.
* 내 생각이 타인의 생각과 갈등을 일으키면, 나의 생각을 따를 것이다.
* 나와 개인적 가치를 공유하지 않은 사람과 함께 있어도 나의 가치를 유지하는 데 자유롭다.
* 내 주위에 있는 사람들이 나와 다른 가치를 가지고 있다 하더라도 나의 가치에 따라 결정하는 것을 좋아한다.
* 나의 개인적인 가치 체계는 타인의 기준에 근거한 것이 아니라 나 자신의 신념에 근거한 것이다.
* 타인의 문화적 배경이 어떤 것이든지 간에 그들이 나를 존중하기를 바란다.

이상에서 살펴본 타 문화 적응력 검사 도구는 문화 간 소통을 위해 문화 간 의사소통 상황에 실제적으로 요구되는 '정서적 회복력, 유연성과 개방성, 인지적 예민성, 개인적 자율성'을 측정하는 도구로, 이 도구를 통하여 개인의 타 문화 적응력이 어느 정도인지 스스로 측정할 수 있을 것이다. 그러므로 이러한 타 문화 적응 자가 진단 방법은 다른 문화적 배경을 가진 사람과의 원활한 소통을 위해서 자신이 갖추어야 할 타 문화 능력을 점검하고 그 결과를 바탕으로 부족한 부분을 채워 감으로써 교차문화 소통 능력을 배양하는 데 활용할 수 있을 것이다.

Appendix 4.
비언어적 의사소통 행동의 관찰
(Observations of Nonverbal Communication Behavior)[211]

* 관찰 장소: 캠퍼스, 쇼핑몰, 교회, 기타_____

  (Place of Observations: Campus, Shopping Mall, Church, Other___)

* 방침: 어떤 것을 의미하는 비언어적인 행동을 관찰하고 그 잠재적인 의미가 무엇인지를 기록하라

  (Directions: Look for nonverbal behavior that means something and note what you think is the intended meaning)

* 행위: 신체 동작(Kinesics: Body movements)

---

211) Alfred G. Smith, *Communication and Culture: Readings in Codes of Human Interaction*, New York: Holt, Rinehart and Winston, 1966, pp.144-165와 David J. Hesselgrave, *Communicating Christ Cross-Culturally*, 2nd ed., Grand Rapids: Zondervan Publishing House, 1991, pp.398-401와 Everett M. Rogers and Thomas M. Steinfatt, *Intercultural Communication*, Prospect Heights, IL: Waveland Press, 1999, pp.172-188를 참고하라.

* 공간언어학: 공간(Proxemics: Space)

* 시간언어학: 시간, 시간의 사용(Chronemics: Time, Temporal)

* 유사언어: 언어적 소리와 역동성(Paralanguage: Vocal Sounds and Dynamics)

* 신체적 외모(Physical Characteristics, Appearance)

부록. Appendix 4. 비언어적 의사소통 행동의 관찰(Observations of Nonverbal Communication Behavior)

* 촉각: 접촉, 접촉 습관(Tactile: Touch, Haptics)

* 가공품/공예품: 물건의 사용(Artifacts: Use of Objects)

* 시각: 색깔, 모양, 빛, 접합의 사용(Optical: Use of Color, Shapes, Light, Congruence)

* 후각: 맛과 냄새(Olfactory: Taste and Smell)

(관찰 방법)

1. 적어도 2시간 이상, 같은 장소에서, 동일한 인물에 대해 관찰하라.
2. 각 문화권의 비언어적 행동양식을 유의 깊게 관찰하면서, 각 문화권마다 동일한 의미의 양식을 사용하는지(보편성), 아니면 다른 의미의 양식을 사용하는지(특수성)를 관찰하라.
3. 교차문화권에서 어떻게 비언어적으로 서로 소통하는지를 관찰하라.
4. 교차문화권에서 효과적인 의사소통 능력이 무엇인지 관찰하라.

부록. Appendix 4. 비언어적 의사소통 행동의 관찰(Observations of Nonverbal Communication Behavior)

Appendix 5.
단일시간 개념(Monochronism)과 복합시간 개념(Polychronism) 측정표[212]

차알즈 핍스 J. D.

이 점수표를 사용하여 다음 질문에 대답하시오.
'아주 그렇다'(SA), '그런 편이다'(A), '중간이다'(N), '그렇지 않다'(D), '아주 그렇지 않다'(SD)로 나타낸다.

1	여러 개의 과제를 선택한 후 한 번에 하나씩 선택할 수 있었다면 좌절하는 것이 보통이다.	SA A N D SD
2	그룹에서 친구와 이야기하고 있을 때 한 번에 대화를 둘 혹은 세 개씩 진행하려 해도 아무렇지 않다.	SA A N D SD
3	집 주위에서 어느 프로젝트를 진행시키고 있을 때 한 가지 일을 하는 중간에 멈추고, 해야 할 필요가 있는 다른 작업을 해도 괜찮다.	SA A N D SD
4	다른 일을 하러 가기 전에 한 가지 일을 끝내기를 좋아한다.	SA A N D SD
5	학교나 일터에서 각기 토론할 주제가 다른 사람들을 동시에 만나는 것이 부담스럽지 않다.	SA A N D SD
6	나는 다른 일로 옮겨가기 전에 하나의 아이디어에 집중하는 경향이 있다.	SA A N D SD
7	내가 움직이기 가장 좋아하는 방법은 스케줄대로 내 하루 활동을 조직하는 것이다.	SA A N D SD

---

212) Carley H. Dodd, 《문화를 초월하는 역동적 커뮤니케이션》 (Dynamics of Intercultural Communication), 임헌만 역, 서울: 도서출판 그리심, 2008. p.418.

8	내가 만일 선생이고 내 학생들이 부과 받은 과제에 관해 이야기하고 싶어진다면, 한 번에 한 명을 만나기보다는 전체 그룹을 한 번에 만날 것이다.	SA A N D SD
9	몇 가지 일을 한 번에 하기를 좋아한다.	SA A N D SD
10	먼저 하던 일을 끝내지 않고 다음 과제를 시작해야 할 때 좌절한다.	SA A N D SD
11	문제를 해결하려고 할 때 동시에 몇 가지 다른 문제에 관해 생각하는 것이 자극적이라고 여긴다.	SA A N D SD
12	누군가 모임의 목적과 관련 없는 개인적 주제를 가져오고 싶어 한다면 약간 초조해진다.	SA A N D SD
13	학교에서 다음 주제로 넘어가기 전에 한 가지 주제를 완성하기를 선호한다.	SA A N D SD
14	한 번에 오직 한 가지 일에만 집중하기를 망설인다. 그렇게 하면 똑같이 중요한 다른 일을 놓칠 수 있다고 생각하기 때문이다.	SA A N D SD
15	보통 한 번에 한 가지 일만 끝내기 위해 주의를 집중할 필요가 있다.	SA A N D SD

*점수 매기기: 아주 그렇다=1, 그런 편이다=2, 중간이다=3, 그렇지 않다=4, 아주 그렇지 않다=5점. 30점 이하는 단일시간 개념, 42점이상은 복합시간 개념이다(신뢰성=73).

부록. Appendix 5. 단일시간 개념(Monochronism)과 복합시간 개념(Polychronism) 측정표

Appendix 6.
자민족 중심주의(Ethnocentrism) 자가 진단표[213]

크레크 후드 Ed. D.

1	미국을 방문하는 사람은 본질적으로 가능한 한 빨리 우리의 관습을 채택하기를 원할 것이다.	SA	A	N	D	SD
2	일반적으로 말해, 우리가 고향에서 일하는 방식은 다른 대부분의 장소에서도 일하는 데 가장 좋은 방식이다.	SA	A	N	D	SD
3	외국인은 미국에 오면 우리 관습을 배울 책임이 있다.	SA	A	N	D	SD
4	세상에 사는 대부분의 사람들은 미국 시민이 되기를 원한다.	SA	A	N	D	SD
5	실제로 다른 문화의 구성원들은 미국 문화의 특징을 적절하게 모방할 수 없다.	SA	A	N	D	SD
6	우리 나라 방문객들이 여기 왔을 때 우리 관습을 채택하기를 거절하는 것은 잘못이다.	SA	A	N	D	SD
7	아프리카 소년들이 성년으로 옮겨갈 때 하는 의식은 야만적이다.	SA	A	N	D	SD
8	서구 문화는 아프리카 문화보다 문명화됐다.	SA	A	N	D	SD
9	미국 이민의 급속한 증가는 결국 우리(미국) 나라를 파멸시킬 것이다.	SA	A	N	D	SD
10	사업상 미국의 시간 용도에 관한 관념은 아프리카나 남미보다 더 좋다.	SA	A	N	D	SD
11	연장자를 존중하는 아시아인들의 행동은 흥미롭지만 그다지 실제적인 것은 아니다.	SA	A	N	D	SD

---

213) Carley H. Dodd, *Ibid.,* p.419.

12	영어가 세계 언어로 사용된다면 더 좋을 것이다.	SA A N D SD
13	미국보다 문명이 더 발달한 곳은 없다.	SA A N D SD
14	외국인을 더 잘 알기 전까지 그를 신뢰하는 것은 현명하지 못하다.	SA A N D SD
15	남미인들은 보통 게으르기 때문에 가난하다.	SA A N D SD
16	아프리카 부족의 고유의상은 어리석어 보인다.	SA A N D SD
17	미국인은 다른 대부분의 나라에서 온 사람들보다 더 똑똑한 경향이 있다.	SA A N D SD

이 척도는 잠재적 국외 추방자에게 사용된 것으로, 일반적으로 극도의 자민족 중심주의(Ethnocentrism)를 드러내고 있다.

*점수 매기기: 아주 그렇다=1, 그런 편이다=2, 중간이다=3, 그렇지 않다=4, 아주 그렇지 않다=5, 35 이하는 아주 낮은 자민족 중심주의, 45점 이상은 고도의 자민족 중심주의, 기준평균=40, s,d=5; 신뢰성=82

부록. Appendix 6. 자민족 중심주의(Ethnocentrism) 자가 진단표

참고문헌 (Bibliography)

1. 한서

구현정, 전영옥, 《의사소통의 기법》, 서울: 도서출판 박이정, 2013.

김민선, 《인간 커뮤니케이션-비서구적 관점》, 서울: 커뮤니케이션 북스, 2008.

김성태, 《선교와 문화》, 서울: 이레서원, 2003.

김우룡·장소원, 《비언어 커뮤니케이션》, 서울: 나남출판, 2004.

김정은, 《한국인의 문화 간 의사소통》, 서울: 한국문화사, 2011.

남기심·이정민·이홍배, 《언어학 개론》, 서울: 탑출판사, 1983.

박명석, 《동과 서》, 서울: 탐구당, 1979.

방지형, 《목회 커뮤니케이션》, 서울: 성광문화사, 1996.

이노미, 《손짓, 그 상식을 뒤엎는 이야기》, 서울: 바이북스, 2009.

이종우, 《선교·문화·커뮤니케이션》, 서울: 기독교문서선교회, 2011.

차배근, 《커뮤니케이션학 개론》, 서울: 세영사, 1978.

최윤희, 《비언어 커뮤니케이션》, 서울: 커뮤니케이션 북스, 1999.

최창섭, 《교회와 커뮤니케이션 총론》, 서울: 성 바오로 출판사, 1978.

2. 번역서

Babbie, Earl R., 《사회조사방법론》, *The Practice of Social Research*, 고성호 외 역, 서울: 도서출판 그린, 2007.

Bevans, Stephen B., 《상황화 신학》, *Models of Contextual Theology*, 최형근 역, 서울: 죠이선교회 출판부, 2002.

Chartier, Myron R. 《설교에 있어서의 커뮤니케이션》, *Preaching as Communication*, 차호원 역, 서울: 소망사, 1984.

Creswell, John W., 《질적 연구방법론-다섯 가지 접근》, *Qualitative Inquiry and Research Design 2E*, 조홍식 외 역, 서울: 학지사, 2012.

Dodd, Carley H., 《문화를 초월하는 역동적 커뮤니케이션》, *Dynamics of Intercultural Communication*, 임헌만 역, 서울: 도서출판 그리심, 2008.

Elmer, Duane, 《문화의 벽을 넘어라》, *Cross-Cultural Connections-Stepping Out and Fitting In Around the World*, 김창주 역, 서울: 행복우물, 2012.

Fast, Julius, 《보디랭귀지》, *Body Language*, 김양원 역, 서울: 언어문화사, 1976.

Hall, Edward T., 《침묵의 언어》, *The Silent Language*, 최효선 역, 서울: 한길사, 2009.

_____, 《생명의 춤》, *The Dance of Life: The Other Dimension of Time*, 최효선 역, 서울: 한길사, 2009.

Hesselgrave, David J., 《선교 커뮤니케이션론》, *Communicating Christ Cross-Culturally*, 강승삼 역, 서울: 생명의 말씀사, 2008.

Hiebert, Paul G., 《선교와 문화인류학》, *Anthropological Insights for Missionaries*, 김동화 외 역, 서울: 죠이선교회 출판부, 2012.

Hiebert, Paul G. & Eloise Hiebert Meneses, 《성육신적 선교 사역》, *Incarnational Ministry*, 안영권·이대헌 역, 서울: 기독교문서선교회, 1998.

Knapp, Mark L. & Hall, Judith A., 《비언어 커뮤니케이션》, *Nonverbal Communication in Human Interaction*, 최양호·민인철·김영기 역, 서울: 커뮤니케이션북스㈜, 2012.

Kraemer, Hendrik, 《그리스도교 신앙의 커뮤니케이션》, *The Communication of the Christian Faith*, 임춘갑 역, 서울: 종로서적, 1981.

Kraft, Charles H., 《기독교 문화인류학》, *Anthropology for Christian Witness*, 안영권·이대헌 역, 서울: 기독교문서 선교회, 2005.

_____, 《기독교와 문화》, *Christianity in Culture*, 임윤택·김석환 역, 서울:

기독교문서선교회, 2005.

_____, ed.,《적합한 기독교》, *Appropriate Christianity*, 김요한 외 역, 서울: 생명의 말씀사, 2007.

_____,《기독교 커뮤니케이션론》, *Communication Theory for Christian Witness*, 박영호 역, 서울: 기독교문서선교회, 2007.

_____,《복음과 커뮤니케이션-어떻게 메시지를 전할 것인가》, *Jesus, God's Model For Christian Communication*, 김동화 역, 서울: 한국기독학생회 출판부, 1991.

Larkin, William J.,《문화와 성경해석학》, *Culture and Biblical Hermeneutics*, 정득실 역, 서울: 생명의 말씀사, 2000.

Lingenfelter, Sherwood G.,《타문화 사역과 리더십》, *Leading Cross- Culturally*, 김만태 역, 서울: CLC, 2011.

Lingenfelter, Sherwood G. & Mayers, Marvin K.,《문화적 갈등과 사역-인간관계와 성육신》, *Ministering Cross-Culturally- An Incarnational Model for Personal Relationships*, 왕태종 역, 서울: 죠이선교회, 2004.

Malina, Bruce J.,《신약의 세계-문화인류학적 통찰》, *The New Testament World- Insight from Cultural Anthropology*, 심상법 역, 서울: 솔로몬, 2004.

Navarro, Joe, etc.,《우리는 어떻게 설득당하는가》, *Louder Than Words*, 장세현 역, 고양, 경기도: 위즈덤하우스, 2012.

_____,《행동의 심리학》, *What Every Body Is Saying*. 박정길 역, 서울: 리더스북, 2012.

Nida, Eugene A.,《메시지와 선교-커뮤니케이션과 신앙》, *Message and Mission*, 채은수 역, 서울: 새로움 말씀사, 1985.

Pocock, Michael, etc.,《변화하는 내일의 세계 선교》, *The Changing Face of World Missions*, 박영환 외 역, 서울: 바울, 2008.

Sherrill, Lewis J., 〈만남의 기독교 교육〉, *The Gift of Power*, 김재은, 장기옥 역, 서울:

대한기독교출판사, 1992

Weber, Robert, 《그리스도교 커뮤니케이션》, *Theology of Communication*, 정장복 역, 서울: 대한기독교출판사, 1985.

3. 양서

Altman, L., *The Environment and Social Behavior*, Monterey, C.A.: Books/Coke, 1975.

Argyle, Michael, *Bodily Communication*, New York: International Universities Press, 1975.

_____, *Social Interaction*, New York: Atherton Press, 1969.

Barett, Homer C., *Innovation: The Basic of Cultural Change*, New York: McGraw-Hill Book Company, 1953.

Berlo, David K., *The Process of Communication*, New York: Holt, Rinehart and Winston, 1960.

Bernard, Russel H., *Research Methods in Anthropology*, Walnut Creek: Altamira, 1995.

Birdwhistell, Ray L., *Kinesics and Context*, Philadelphia: University of Pennsylvania Press, 1970.

Brislin, R., *Understanding Culture's Influence on Behavior*, TX: Harcourt Brace College Publishers, 1993.

Cammack, Floyd M and Hidenbert Van Buren, *Paralanguage Across Cultures: Some Comparisons Between Japanese and English*, ELEC Bulletin: Kanada, 1967.

Devito, Joseph A., *Communicology: An Introduction to the Study of Communication*, N.Y.: Harper &Row Publishers, 1978.

Dodd, Carley H. and Montalvo, Frank F., *Multicultural Skills for Multicultural Societies*, Washington D.C.: SIETAR, 1987.

Ekman, P., *Emotion in the Human Face*, N.Y.: Cambridge University Press, 1979.

Ekman, P., & Friesen, W., *Unmasking in Face*, NJ: Prentice-Hall, 1975

Flora, Davis, "How to Read Body Language" *Reader's Digest*, December, 1969.

_____, "How to Read Body Language" in New College English, Seoul: The English Literary Society of Korea, 1973.

Goffman, E., *Relations in Public*, N.Y.: Basic Books, 1971.

Grunlan, Stephen A. & Marvin K. Mayers, *Cultural Anthropology: A Christian Perspective*, Grand Rapids: Zondervan, 1988.

Gudykunst, W. B., & Ting-Toomy, *Culture and Interpersonal Communication*, CA: Sage Publication, 1988.

Hall, Edward T., *Beyond Culture*, Garden City, N.Y.: Anchor Books/Doubleday, 1981.

_____, *Hidden Dimension*, Garden City, N.Y.: Anchor Books/Doubleday, 1990.

_____, *The Silent Language*, Garden City, N.Y.: Anchor Books/ Doubleday, 1981.

Harrison, Randall P., "Nonverbal Behavior: An Approach to Human Communication," in Richard Budd, eds., *Approach to Human Communication*, New York: Sparton Books, 1972.

_____, "Nonverbal Communication: Exploration into Time, Space, Action and Object", in J. H. Cambell, eds., *Dimensions in Communication*, Belmont, CA: Wadsworth, 1965.

Haykawa, S. I., *Language and Thought and Action*, London: George Allen and Unwin Ltd., 1965.

Hefley, James C., *Searchlight on Bible Words*, Grand Rapids, M. I.: Zondervan Publishing House, 1972.

Hesselgrave, David J., *Communicating Christ Cross-Culturally*, Grand Rapids:

Zondervan Publishing House, 1991.

Hesselgrave David J. & Edward Rommen, *Contextualization-Meanings, Methods, and Models*, Grand Rapids: Baker Book House, 1989.

Hofstede, Geert, *Cultures and Organizations: Software of the Mind*, London: McGraw-Hill, 1991.

Jackson, B.F., ed. *Communication-Learning for Churchmen*, Nashville: Abingdon Press, 1968.

Jandt, Fred E., *Intercultural Communication*, Thousand Oaks: Sage Publication, 1998.

Juhnke, James C., A People of Mission: *A History of the General Conference Mennonites Overseas Missions*, Newton: Faith and Life, 1979.

Kendon, Adam, *Nonverbal Communication, Interaction, and Gesture: Selections from Semiotica*, The Hauge: Mouton Publishers, 1981.

_____, *Essential of Nonverbal Communication*, New York: Holt, Rinehart & Winston, 1980.

Klopf, Donald W. and Myung-Seok Park, *Cross-Cultural Communication*, Seoul: Han Shin Publishing, 1982.

Knapp, Mark N., *Essential of Nonverbal Communication*, H. Rinehart & Winston, 1972.

_____, *Nonverbal Communication in Human Interaction*, N.Y.: Holt, Rinehart & Winston, 1972.

Knapp, Mark N. & Hall, Judith A. *Nonverbal Communication in Human Interaction*, N.Y.: Harcourt Brace College Publishers, 1997.

Kraemer, Hendrik, *The Communication of the Christian Faith*, Philadelphia: The Westminster Press, 1956.

Kraft, Charles H., *Communicating Jesus' Way*, Pasadena: William Carey Library,

1999.

_____ , *Christianity in Culture*, Maryknoll, N. Y.: Orbis Books, 1979.

Maletzke, Gerhard, "*Intercultural and International Communication*." in H. D. Fisher and J. C. Merrill(eds.), *International & Intercultural Communication*, N.Y.: Hastings Publishers, 1976.

McLuhan, Marshall, *Understanding Media*, New York: McGrow-Hill, 1965.

Mehrabian, Albert, *Silent Messages*, 2nd ed., Belmont, Calif.: Wadswroth, 1981.

Morain, Gendle, "*Kinesics and Cross-Cultural Understanding*" in P. Clark, Virginia, eds., *Language,* New York: St. Martin's Press, 1981.

More, William F., "*Communication for Churchmen*." in B. F. Jackson Jr., ed., *Communication Learning and the Church*, Nashville and New York: Abingdon Press, 1968.

Neisser, U., Cognition *and Reality: Principles and Implications of Cognitive Psychology*, San Francisco, CA: W. H. Freeman, 1982.

Nida, Eugene, "*Linguistics and Anthropology in Translation Problem.*" in Dell Hymes, eds., *Language in Culture and Society: A Reader in Linguistics and Anthropology*, New York: Harper & Row, 1964.

Osgood, Charles E., May, William H., and Miron, Murray S., *Cross-Cultural Universals of Affective Meanings*, Chicago: University of Illinois, 1975.

Rogers, E. M. & Steinfatt, T. M., *Intercultural Communication*, Prospect Heights, IL: Waveland Press, 1999.

Ruesch, Jurgen and Kees, Weldon, *Nonverbal Communication*, Berkeley: University of California Press, 1966.

Samovar, Larry A. & Richard E. Porter, *Communication between Cultures*, Belmont, CA: Wadsworth, 2005.

Smith, Alfred G., *Communication and Culture: Readings in Codes of Human*

Interaction, New York: Holt, Rinehart and Winston, 1966.

Smith, Ebbie, "*Culture: The Milieu of Missions*", in *Missiology: An Introduction to the Foundations, History, and Strategies of World Missions*, ed. By John Mark Terry, Ebbie Smith & Justice Anderson, Nashville: Broadman & Holman, 1998.

Trager, George L., "*Paralanguage: A First Approximation.*" in Dell Hymes, eds., *Language in Culture and Society: A Reader in Linguistics and Anthropology*, New York: Harper & Row, 1964.

Trevanthen, C., "*Emotions in Infancy*", in K. R. Scherer & P. Ekman, eds. *Approaches to Emotion*, Hillsdale, NJ: Erlbaum, 1984.

Walker, D. & Walker, T., *Doing Business Internationally: The Guide to Cross-Cultural Success*, New York: Irwin, 1995.

Winter, Ralph D., eds., *Perspectives on the World Christian Movement*, Pasadena: William Carey Library, 1981.

Yousef, Faithi S., "*Nonverbal Behavior: Some Intricate and Diverse Dimensions in Intercultural Communication.*" in Larry A. Samovar and R. E. Porter, eds., *A Reader*, Belmont, CA: Wadsworth Publishing Co., 1976.

4. 기타

1) 논문

김진웅, 〈한국인의 비언어적 커뮤니케이션 행위에 대한 연구〉, 서울: 한국외국어대학교 대학원 석사학위 논문, 1989

최동진, 〈비언어적 커뮤니케이션에 대한 새로운 접근〉, 서울: 총신대학 대학원 석사학위 논문, 1984.

윤노아, 〈청소년의 국민정체성 인식을 통해 본 다문화시대 통일 교육 이념으로서 민족주의의 타당성〉, 2011년 통일 논문집, 통일부 통일교육원, 2011.

2) 잡지(정기간행물)

Morris, Desmond, "맨워칭: 인간행동을 관찰한다", *Manwatching*, 과학세대 옮김, 서울: 까치, 1994.

채은수, "복음의 커뮤니케이션에 관한 소고", 신학지남 제50권 4집, 서울: 총신대학출판사, 1983.

_____, "선교와 문화", 신학지남 제50권 1집, 서울: 총신대학 출판사, 1983.

_____, "문화적 측면에서 본 선교", 신학지남 제50권 2집, 서울: 총신대학 출판사, 1983.

Addington, D. W., The Relationship of Selected Vocal Characteristics to Personality Perception, *Speech Monographs*, 35, 1968.

Argyle, M. & J. Dean, "Eye Contact, Distance and Affiliation", *Sociometry* 28, 1965.

Cammack, Floyd M. and Hildebert Van Buren, "Paralanguage Across Cultures: Some Comparisons Between Japanese and English", *English Language Education Council Bulletin*, Tokyo, 1973.

Cook, M., "Experiments on Orientation and Proxemics", *Human Relations* 23, 1976.

Daltry, M. & P. Langer, "Development and Evaluation of a Measure of Future Time Perspective", *Perceptual and Motor Skills* 58, 1974.

Ekman, P., "The Universal Smile: Face Muscles Talk Every Language", *Psychology Today*, Sep, 1975.

Ekman, P., W. Friesen & J. Bean, "The International Language of Gesture", *Psychology Today* 18, 1984.

Ekman, P., "Movements with Precise Meanings", *Journal of Communication* 26, 1976.

_____, "Strong evidence for universals in facial expressions: A reply to Russell's mistaken critique", *Psychological Bulletin* 115, 1994

Flora, Davis, "How to Read Body Language", in *New College English*, Seoul: The

English Literary Society of Korea, 1973.

Goffman, E., *Encounters: Two Studies in the Sociology of Interaction*, Indianapolis, IN.: Bobbs-Merrill, 1961.

Jourard, S., "An Exploratory Study of Body- Accessibility", *British Journal of Social and Clinical Psychology*, 1966.

Kudoh T. & D. Matsumoto, "Cross-Cultural Examination of the Semantic Dimensions of Body Posture", *Journal of Personality and Social Psychology* 48, 1985.

Lee Y. T. & Ottati, V., Determinants of In-Group and Out-Group and Out-Group Perceptions of Heterogeneity: An Investigation of Sino-American Stereotypes, *Journal of Cross- Cultural Psychology*, 24, 1993.

Lerner, R. M. & Korn, S., The Development of Body Build Stereotypes in Males, *Child Development* 43, 1972.

McGinley, H., et al., "Attraction Effects of Smiling and Body Position", *Perceptual and Motor Skills* 58, 1984.

Mehrabian, A., "A Semantic space for nonverbal behavior", *Journal of Consulting and Clinical Psychology*, 35, 1970.

_____ , *Silent Messages*, Belmont, CA.: Wadsworth, 1971.

Russell, J. A., "Is there universal recognition of emotion from facial expression? A review of the cross-cultural studies", *Psychological Bulletin* 115, 1994.

Smutkupt, S. and Barna, L. R., "Impact of Nonverbal Communication in and Intercultural Setting: Tailand," *International and Intercultural Communication Annual* 3, 1976.

Walker, Robert N., Body Build and Behavior in Young Children, *Child Development* 34, 1963.

Watson, O. & Graves, T., "Quantitative Research in Proxemic Behavior", *American*

Anthropologist 67, 1966.

Yousef, Faithi S., "Nonverbal Behavior: Some Intricate and Diverse Dimensions in Inter-Cultural Communication", L. A. Samovar and R. E. Potter eds., *A Reader*, Belmont, C. A.: Wadsworth Publishing Co., 1976.

3) 백과 사전

Merriam Webster, "Communication", *Webster's New American Dictionary*, New York: Smithmark Publishers, 1995.

4) 기타 강의안

Staller, Thomas M., 《교차문화 의사소통》, *Intercultural Communication*, Course Syllabus, Grace Theological Seminary, Winona Lake IN, 2012.

_____, 《사역을 위한 문화인류학》, *Cultural Anthropology for Ministry Applied Cultural Anthropology*, Course Syllabus, Grace Theological Seminary, Winona Lake IN, 2013.

문화를 알면 소통이 열린다

1판 1쇄 인쇄 _ 2019년 12월 20일
1판 1쇄 발행 _ 2019년 12월 30일

지은이 _ 최동진
펴낸이 _ 이형규
펴낸곳 _ 쿰란출판사

주소 _ 서울특별시 종로구 이화장길 6
편집부 _ 745-1007, 745-1301~2, 747-1212, 743-1300
영업부 _ 747-1004, FAX 745-8490
본사평생전화번호 _ 0502-756-1004
홈페이지 _ http://www.qumran.co.kr
E-mail _ qrbooks@gmail.com / qrbooks@daum.net
한글인터넷주소 _ 쿰란, 쿰란출판사
등록 _ 제1-670호(1988.2.27)
책임교열 _ 이화정·신영미

ⓒ 최동진 2019 ISBN 979-11-6143-325-7 93230

책값은 뒤표지에 있습니다.
이 출판물은 저작권법에 의해 보호를 받는 저작물이므로 무단 복제할 수 없습니다.
파본(破本)은 구입처에서 교환해 드립니다.